V&R

Dienst am Wort

Die Reihe für Gottesdienst und Gemeindearbeit

Band 123

Vandenhoeck & Ruprecht

Bausteine für Gottesdienste mit Kindern

Harald Apel

Vandenhoeck & Ruprecht

Bibliografische Information der Deutschen Nationalbibliothek

Die Deutsche Nationalbibliothek verzeichnet diese Publikation in der Deutschen Nationalbibliografie; detaillierte bibliografische Daten sind im Internet über http://dnb.d-nb.de abrufbar.

ISBN 978-3-525-59532-9

Umschlagabbildung:
Petra Apel

Printed in Germany.
Satz: weckner media+print GmbH, Göttingen
Druck und Bindung: ⊕ Hubert & Co, Göttingen

Gedruckt auf alterungsbeständigem Papier.

Geleitwort

Aufmerksam und aufnahmebereit – das sind Kinder. Sie sind es viel mehr, als Erwachsene es sind. Niemand soll sich täuschen lassen davon, dass sie nur 90 cm oder 120 cm groß sind, dass sie kleine Körper haben, viel kleinere Körper als die Erwachsenen. In diesen kleineren Körpern sind riesige Antennen ausgespannt, Empfangsschüsseln ausgerichtet darauf, die Welt wahrzunehmen. Ihre Sinne sind noch unverstopft. Das Sensorium der Kinder ist hochempfindlich. Sie sind noch nicht, wie viele von uns Älteren, abgestumpft. Sie sehen und hören und empfinden ganz genau. Nicht alle, aber die meisten schon.

Jeder, der mit heranwachsenden Kindern arbeitet, weiß das. Jeder und jede, die im Kindergottesdienst mitarbeitet, hat sich darauf einzustellen. So gehört der Kindergottesdienst zu den anspruchvollsten Aufgaben unserer Kirche – eine Aufgabe, die man nicht mit links oder nebenbei betreiben kann. Sie ist aller Mühe und aller Liebe wert.

Man kann Kindern nichts vorspielen – sie merken sofort, was nicht echt ist. Sie sind auf Wahrheit aus, und einen falschen Zungenschlag entlarven sie sofort. Ihnen die Geschichten von Gott und den Glauben ins Herz zu bringen – also das, was wir für gut und lebensnotwendig halten – wird nur dann leichter, wenn sie merken, dass sie uns vertrauen können, und spüren, dass uns der Glaube wichtig ist.

Der Auftrag, schon Kindern von Gott zu erzählen, kommt aus ältester, biblischer Zeit.

„Diese Worte, die ich dir heute gebiete, sollen in deinem Herzen bleiben und du sollst sie deinen Kindern einschärfen", heißt es in Deuteronomium 6. „Hüte dich und achte gut auf dich selbst, damit du nicht vergisst, was deine Augen gesehen haben, und damit sie dir nicht aus dem Sinn kommen dein ganzes Leben lang. Und du sollst deinen Kindern und Kindeskindern davon erzählen" (Deuteronomium 4), mahnt Gott Mose und sein Volk Israel. Jesus nahm das mit auf in seinem berühmten Wort: „Lasset die Kinder zu mir kommen und wehret ihnen nicht …" (Markus 10); Luther, in seinen Katechismen, die er den Eltern in die Hand gab, setzte diese Linie fort.

Einschärfen – sagen die Alten. Wir sollen als Erwachsene die Kunde von Gott Kindern gegenüber also nicht nur erwähnen oder lediglich hier und da den eigenen Glauben ein wenig hervorblitzen lassen, sondern mit Nachdruck darauf achten, dass sie von Gott erfahren. Als gäbe es ein elftes Gebot: Du sollst ein Erzähler, eine Erzählerin Gottes sein.

Mit seinem Buch „Bausteine für Gottesdienste mit Kindern" stellt sich Harald Apel in diese alte Tradition, sorgfältig und mit Phantasie und vielen Beispielen aus der Praxis. Es wird so zu einer Hilfe für alle, die Kindergottesdienste planen und ausführen.

Möge dieses Buch mit seinen Grundsätzen und Ideen ein gute, mutmachende Anregung sein für alle, die die Geschichten der Heiligen Schrift an Kinder und Jugendliche weitergeben in Elternhaus, Schule und Kirche – vor allem aber sei es segensreich für die Kinder.

Maria Jepsen, Hamburg

Inhalt

Einleitung

A: Drei Ecksteine aus Steinen des Anstoßes

Die Aufforderung aus Mk 10: „Lasset die Kinder zu mir kommen und wehret ihnen nicht, denn solchen gehört das Reich Gottes“ ist nicht allein den Kinder zugesagt, sondern sie gilt auch denen, die sich ihrer Kindheit erinnern. Wer Kinder im Gottesdienst beobachtet, erhält nicht selten Hinweise, die kein noch so ausgeklügeltes Qualitätsmanagement aufzeigen könnte. Das lebendiges Dabeisein der Kinder macht sehr eindeutig klar, was anspricht und was nicht.

Einige Steine dieser Anstöße aus der Praxis sollen als Ecksteine taugen. Drei kleine Episoden werden zeigen, was Voraussetzung ist, damit Kinder den Gottesdienst für sich als wichtig und hilfreich begreifen.

Der erste Eckstein heißt dabei Vertrautheit. Hanna hat dies einmal in einem agendarischen Gottesdienst deutlich gemacht und beeindruckend gezeigt, wie wichtig es ist, etwas Vertrautes wieder zu erkennen.

Also: Hanna ist 7 Jahre alt und sitzt Sonntag 10 Uhr im Gottesdienst. Oma hat sie mitgenommen, weil Mama und Papa ausschlafen wollen. Hanna versucht dem zu folgen, was hier passiert. Was die Erwachsenen tun, das tut sie auch. Sie schlägt mit Omas Hilfe die Lieder im Gesangbuch auf, bemüht sich mitzusingen, hört zu und ist mit dabei, solange die Wechsel kurz sind und es immer wieder etwas selbst zu tun gibt. Bei der Predigt jedoch wird es langweilig. „Wie lange noch?“, fragt sie Oma ganz leise. Die legt nur den Finger auf den Mund, und Hanna schaut aus dem Fenster. Sie hält aus. Doch ganz verabschiedet sie sich noch nicht. Denn später am Ende des Fürbittengebetes lebt Hanna wieder auf. Sie ist so laut zu hören, dass man sich lächelnd zu ihr umdreht. Das Vaterunser kennt sie aus der Christenlehre. Sie kann es auswendig. Und so als hätte sie nun endlich erkannt, worum es hier geht, spricht sie es sehr laut wie ein großes Aha-Erlebnis und zugleich wie eine Erlösung.

Hanna versteht, als sie etwas Bekanntes im Gottesdienst wieder erkennt. Sie stellt eine Beziehung zu dem her, was sie erfahren hat. – *Das kenne ich und ich weiß wofür es gut ist* – Dieser einfache Ansatz für einen Gottesdienst stärkt das Verstehen und das Dabeisein nicht nur bei Kindern. Vertrauen wächst vor allem dadurch, dass Kinder etwas wieder erkennen. Dem ständigen Wechsel und der Überreizung mit Neuem kann ein vertrauter Ablauf im Gottesdienst ein heilsames Gegenüber sein. Aus diesem Grunde ist dafür zu plädieren, Gottesdienste mit Kindern regelmäßig und nach einer festen Struktur durchzuführen. Ein Konkurrenzkampf mit den Unterhaltungsmedien sollte gar nicht erst angestrebt werden. Ein Gottesdienst, der immer wieder anders ist, stärkt die Kinder nicht, sondern einer, der beständig und vertraut abläuft. Mit der Show, dem großen Effekt oder der Hatz von Höhepunkt zu Höhepunkt werden die Kinder heute sehr oft angesprochen. Anders sollte es im Gottesdienst sein, der mit einer beruhigenden Vertrautheit überzeugt.

Ein weiterer Eckstein ist die Glaubwürdigkeit. Dass wir bei aller Theologie auch die ganz einfachen Dingen ernst nehmen müssen, zeigt die folgende Episode.

Am Ende der Krippenspielprobe geht es um die Requisiten: „Wir haben einen alten Hirtenstock.“, „Ich bringe Stroh von meinen Hasen mit“, „Papa hat ein Fernrohr, ich frag' mal, ob er's mir borgt!“ Der Pfarrer ist angetan, wie sich die kleine Gemeinde einbringt und lächelt mild. Aber dann sprudelt Paula, die die Maria spielt, hervor: „Und ich bring' ein Kissen für meinen Bauch mit!“ Eine Pause gespannter Stille setzt ein. „Na ja, ganz so realistisch muss es ja nicht sein!“ versucht der Geistliche, das würdige Spiel nicht ausufern zu lassen. „Wieso! Hatte Maria denn keinen dicken Bauch, als sie schwanger war?“, protestiert Paula.

„Doch, doch, aber das ist doch nicht so wichtig.“, argumentiert der Hirte und Hüter der Gemeinde standhaft. Schon bald hat er alle Kinder gegen sich. Zur Maria gehört ein dicker Bauch. Die kleine Gemeinde setzt sich durch. Am 24.12. spielt die 12-Jährige Maria ihre Schwangerschaft so perfekt, dass das Krippenspiel eine ganz neue Dimension aufzeigt. Am Ausgang sagt eine alte Frau dem Pfarrer: „Das war nach all den Jahren für mich die glaubwürdigste Maria, die ich gesehen habe!“

Gerade Kinder haben ein sehr ausgeprägtes Gefühl dafür, ob etwas glaubwürdig ist. Wenn etwas nicht stimmt, oder bei der Wahrheit ein bisschen gemogelt wird, dann gehen sie auf die Barrikaden. Das Phänomen ist, dass Kinder nicht glaubwürdig sein wollen, sondern es von Natur aus sind. Kompromisslos der Wahrheit verpflichtet, haben sie nicht den Drang etwas vorzumachen. Vielmehr ist auch das Spiel so sehr real, dass es nicht zu dem im Widerspruch stehen darf, was man erfahren hat und was man glaubt.

Der letzte Eckstein ist nicht selten ein sehr realer Stein des Anstoßes. Kinder sind zu unberechenbar, zu lebendig, um alles nach Plan laufen zu lassen. Am Eindrücklichsten wird das, wo zwar etwas nicht vorgesehen und trotzdem sehr lebendig war. So heißt der dritte Bau- und Eckstein **Lebendigkeit**.

Nico schlägt oft über die Stränge. Immer wird er ermahnt und zurechtgewiesen. Dann steht er meist einen Moment betroffen da, aber schon bald gibt es wieder Ärger. Auch bei den Kindern ist häufig, „Mannnn Nico!!!" zu hören. Doch dann hat Nico seinen großen Auftritt. Bei einem Spiel über die Wüstenwanderung der Israeliten darf er das Manna von der Kanzel aus über der Gemeinde ausstreuen. Der Pfarrer hat ihm dazu eine Tüte Bonbons in die Hand gedrückt. Doch als es dann Manna regnet, hört der Regen nach einer Tüte Bonbons noch nicht auf. Nico hat sich zusätzlich die Taschen mit Bonbons gefüllt und genießt es, Gutes zu tun.

Weder ein Gebet noch ein Schuldbekenntnis hätten Nicos Gottesdiensterfahrung so nachhaltig prägen können. Der Gottesdienst gibt uns die Chance gut zu sein, das hat Nico erfahren und er hat es sehr lebendig, und eindrücklich in seiner kleinen Rolle gezeigt.

In einem modernen Kinderlied heißt es: „Ohne Kinder geht's nicht weiter. Ohne Kinder geht's nicht los." So ist schließlich der Satz: „Lasset die Kinder zu mir kommen und wehret ihnen nicht, denn solchen gehört das Reich Gottes", nicht nur als Aufforderung, sondern auch als Mahnung zu verstehen, denn wo die Kinder wegbleiben, da haben wir keinen Anteil mehr am Reich Gottes, da fehlt uns die lebendige Zukunft.

B: Bauanleitung

Vertrauen wird aufgebaut, wo Gottesdienste mit Kindern in einer stets wieder erkennbaren Form stattfinden. Wer bekannte Märchen erzählt, weiß, wie wichtig es Kindern ist, dass alles genau so erzählt wird, wie sie es kennen.

Es ist auch für den Gottesdienst mit Kindern angebracht, in der Nähe des agendarischen Ablaufs zu bleiben. Das hat zwei Vorteile. Zum einen muss nichts völlig Neues erfunden und verteidigt werden, andererseits können die Kinder so ohne Bruch zum Gottesdienst der Erwachsenen herangeführt werden.

Nicht nach dem so häufigen Motto „Überraschung! Überraschung!" erreichen wir die Kinder, sondern wenn sie durch Beständigkeit in die Struktur und den Ablauf eines Gottesdienstes hineinwachsen. Im heutigen Getümmel des Beliebigen sehnen sich Kinder nach einer Feste, die ihnen Halt gibt.

Die drei Bausteine eines Gottesdienstes mit Kindern sind immer in der gleichen Reihenfolge einem Thema folgend möglichst übereinander zu setzen. Nach der Einleitung folgt die Vertiefung. Den Abschluss bilden die Sendung und die Segnung.

Auch sind immer wiederkehrende Elemente, wie der Psalm, die narrative Predigt, die Lieder und Gebete an den festgesetzten Stellen eine Hilfe Vertrauen und Verstehen zu festigen.

In den folgenden Kapiteln werden einzelne Bausteine für Gottesdienste mit Kindern vorgestellt.

Es werden **Anspiele, Psalmen in einer für Kinder verständlichen Übertragung, narrative Predigten,** sowie **bekannte Lieder mit neuen Texten** angeboten. In diese vier Hauptkapitel sind die entsprechenden Bausteine dementsprechend sortiert. Die Reihenfolge ergibt sich in der Regel aus dem Ablauf des Kirchenjahres. Für die Lesungen in den Gottesdiensten, ist eine Kinderbibel zu empfehlen.

Konkret kann so verfahren werden, dass einzelne Elemente, einem Thema folgend, zu einem Gottesdienst mit Kindern zusammengesetzt werden. Es ist also möglich, nach dem Baukastenprinzip zu verfahren. Um die Suche zu vereinfachen, sind vor jedem Baustein Angaben zur Altersgruppe, zum biblischen Bezug, zur Kirchenjahreszeit und zum Thema gemacht worden.

Das folgende Grundmuster eines Gottesdienstes mit Kindern wurde vielfach in der Praxis erprobt und ist von den Kindern so angenommen worden.

Eröffnung:	– Anspiel zum Thema – Begrüßung – Lied – Psalm – Gebet
Vertiefung:	– biblische Lesungen – Spielszenen zu Texten der Bibel – Bekenntnis – Lied – narrative Predigt oder Stück zum Thema
Sendung:	– Lied – Fürbitte mit Vaterunser – Segen – Lied

I. Anspiele/Spielszenen

Einführung

Es macht Kindern großen Spaß Theater zu spielen. Haben sie eine Rolle übernommen und sich mit dieser identifiziert, so entfalten sie oft gleich eine große Kreativität. Eigene Empfindungen und Beobachtungen fließen in ihr Spiel, und man ist oft erstaunt, wie genau etwas wahrgenommen wurde. Die Einstellung zum Theaterspielen erfährt jedoch zwischen dem Kind-Sein und dem Erwachsen-Werden eine wesentliche Veränderung. Während es für Vor- und Grundschulkinder besonders wichtig ist ihre Wirklichkeit widerzuspiegeln, sind die 12- bis 14-Jährigen schon mehr an den fiktiven Möglichkeiten des Spiels interessiert. Betrachten wir zunächst die Kleineren beim Spiel:

Zu ihrem tagtäglichen Lebensvollzug gehört es, dass sie etwas nachahmen, etwas nach machen. Ein großer Teil ihres Lernens vollzieht sich auf diese Art. Wir sind froh, wenn die Jungen unserem guten Vorbild folgen. Leider aber ist auch so manche Unart, die wir ihnen ankreiden, genau jene Unart, die sie sich von uns abgesehen haben. So stoßen wir bei kleineren Kindern also auf eine natürliche Begabung, die nicht ungenutzt bleiben sollte. Sicher sind dabei die Talente sehr unterschiedlich. Oft ist es aber weniger die fehlende Fähigkeit als vielmehr eine gewisse Scheu, wenn kleinere Kinder nicht Theater spielen wollen. Wo sie mit Freude Mutter-Vater-Kind oder später Lehrer und Schüler spielen, gibt es diese Ängste nicht. Obwohl den Kindern klar ist, dass sie spielen, legen sie großen Wert auf die Wahrhaftigkeit. Rollen, Abläufe und Verhaltensmuster sind festgelegt und sie zu verfremden oder zu überspitzen ist wenig sinnvoll. Was ihrer Erfahrung widerspricht, wird nicht gespielt.

Das ändert sich jedoch mit zunehmendem Alter. Gerade 12- bis 14-Jährige bekommen ein Gefühl für Übertreibungen oder An-

spielungen. Mit dieser neuen Fähigkeit gehen sie dann auch gern um. Erst in der beginnenden Pubertät zeigt sich eine weitere Dimension des Spielens. Hamlets berühmter Satz „Sein oder nicht sein!“, ein wenig verändert, macht etwas von dieser Faszination deutlich. In den Zustand des „Seins“ und des „Nicht-Seins“ gelange ich, wenn ich eine Rolle spiele. Solch eigenartige Gleichzeitigkeit versetzt in eine sonst nie erlebte Situation: Ich bin jemand, der ich nicht bin. Und doch bin ich der, der ich nicht bin. Diese einmalige Konstellation macht den Umgang mit der Wahrheit gerade in der Pubertät, oft um einiges leichter. Ich spreche als ein anderer aus, was ich aussprechen möchte, aber in der Wirklichkeit nicht auszusprechen wage. Besonders Jungen können über eine Rolle etwas sagen, was sie, weil sie ja immer cool sein müssen, nicht sagen würden. In dieser Altersstufe kann nicht mehr von einer natürlichen Begabung gesprochen werden. Entweder fühlt sich der Heranwachsende zum Spiel begabt oder er lehnt es grundsätzlich ab. Das eine muss gefördert und das andere akzeptiert werden.
Im Blick auf das Alter kann deshalb abschließend festgestellt werden, dass bei den Stücken und in den Besetzungen immer auf diesen Verstehenshorizont der Kinder zu achten ist. Wo da etwas nicht übereinstimmt, wandelt sich das natürliche Spiel der Kinder in eine Vorführung, und nichts ist so unangenehm, wie vorgeführt zu werden.

Hauptsächlich werden im folgenden Kapitel Anspiele angeboten, die ein Thema kurz aufzeigen und eigentlich nur die Richtung und die Stimmung vorgeben sollen. Diese kurzen Spiele sind vor allem für jüngere Kinder gedacht. Zum Schluss des Kapitels finden sich einige längere Stücke, die ihren Platz besser im Verkündigungsteil des Gottesdienstes haben können. Sie entfalten Probleme ausführlich. Hier ist hauptsächlich an die zweite Altersgruppe, an Vor- und Hauptkonfirmanden gedacht. Im Erarbeiten des Stückes wird ersatzweise eine gemeinsame Predigt vorbereitet. Das kann zuweilen recht effektiv und kreativ sein.

Abschließend lässt sich sagen: Ob nun „Sein oder nicht Sein?“ bzw. „Sein und nicht sein“ – das Spiel ist für Kinder ein sehr lebendiger Gottesbezug. Es setzt in Bewegung zu denen, die mir nah sind, es schafft Gemeinschaft und ruft auf den Weg zu dem, der sich mit den Worten offenbarte: „Ich werde sein, der ich sein werde!“

1 Weihnachtsengel werden geweckt

Altersgruppe: 5 bis 8 Jahre
(Engel können auch von Vorschulkindern gespielt werden)
Biblischer Bezug: Mt 1,20 und Lk 1,26–38
Kirchenjahr: Advent
Thema: Stille/Weihnachtshektik

Vorn liegen Kinder im Engelskostüm und schlafen.
Kinder treten hinzu:

Kind A: Mann, es ist doch schon der 2. Advent, und die Weihnachtsengel schlafen immer noch. Weißt Du, wie man sie wach kriegt?

Kind B: Na, vielleicht mit Lärm, genauso wie die Menschen. Wenn wir Lärm bei Papas Mittagsschlaf machen, dann wird er immer sehr munter.

Kind C: Es darf aber kein gewöhnlicher Lärm sein. Wenn man sich an Lärm gewöhnt hat, kann man trotzdem schlafen.

Kind B: Dann machen wir richtigen Weihnachtslärm!

Kind A: Und wie geht der?

Kind B: Na so *(wie Marktschreier oder wie aus der Werbung)*: Pfefferkuchen! Dominosteine! Dresdener Christstollen – die würden auch dem Weihnachtsmann schmecken!

Kind C: Ja, ich verstehe *(auch wie aus der Werbung)*: Spielemax räumt auf. Preise, die sind unglaublich und das zu Weihnachten. Lassen Sie sich ihre Kinder, was kosten!

Kind A: Ich auch *(Wie beim Baumarkt)*: In unserer Sanitärabteilung finden Sie die ultimative Weihnachtstoilettenbrille. Damit es überall auf der Welt weihnachtlich wird. Ihr Fachmann für Bad und Fliesen.

Engel drehen sich auf die andere Seite und es passiert nichts. Die Kinder sind erst ratlos, dann:

Kind B: Ich hab' noch eine andere Idee. Ist zwar auch aus der Werbung, aber bei Mutti klappt es.

Kind C: Na, sag schon. Du siehst ja, dass es nicht einfach ist.

Kind A: Ein besonderer Duft kann wecken? Erst, wenn Kaffeeduft durch die Wohnung zieht, wird Mutti munter.

Kind B: Engel, die morgens Kaffee trinken? Das glaub ich nicht!

Kind C: Kaffee vielleicht nicht, aber der Duft von Plätzchen. Von Räuchermännchen und Stollen.

Kind A: Wartet, ich besorg' was!

Läuft mit Kuchenblech und Räuchermännchen vor den Engel auf und ab, aber die schnuppern nur.

Kind C: Ich wusste gar nicht, dass Engel so stur sein können.

Kind B: Sie sind halt irgendwie mit den Menschen verwandt.

Kind A: Aber auch irgendwie mit Gott.

Kind B: Und wenn wir es nun mal mit dem Gegenteil versuchen!?

Kind C: Wie meinst du das jetzt?

Kind B: Na, Menschen schlafen ein, wenn es still ist.

Kind A: Und wachen auf, wenn's laut ist

Kind C: Also, du meinst, je lauter, umso fester schlafen die Engel? Und je leiser und stiller es wird, umso munterer werden sie?

Kind A: Könnte doch sein? Das Übliche hat jedenfalls nicht geklappt.

Kind B: Versuchen können wir es ja.

Kinder gehen durch die Reihen und legen den Finger auf den Mund. Die Engel beginnen sich zu räkeln. Ein Engel steht auf, reibt sich die Augen und sagt:

Und jetzt ein schönes leises Lied, dann sind wir alle munter.

2

Keine Zeit für eine gute Nachricht

Altersgruppe: 6 bis 8 Jahre
Biblischer Bezug: Jes 52,7–10 und Lk 1,26–33
Kirchenjahr: Advent
Thema: Zuhören/Weihnachtshektik

Engel kommt freudig mit Botschaft zu beschäftigten Kindern

Engel: Hallo, ich habe eine gute Nachricht für Dich!

Kind A: Das ist lieb. Aber bitte nicht jetzt. Du siehst doch: Ich hab zu tun. Plätzchen, Stollen, Pfefferkuchen, das muss noch alles bis Weihnachten fertig werden.

Engel (zieht zum nächsten Kind):
Du, ich hab Dir etwas Wichtiges zu sagen!

Kind B: Das ist gerade sehr ungünstig. Du siehst die Puppenstube. Sie muss bis Weihnachten fertig werden, und ich bin gerade erst bei der 1. Etage. Komm mal wieder, wenn es besser passt.

Engel zieht noch betrübter weiter. Jemand kommt schnell vorbeigelaufen.

Engel ruft: Warte mal! Ich habe eine ganz wichtige Nachricht für dich!

Kind C: Wichtig ist jetzt nur, dass in einer halben Stunde die Geschäfte schließen. Und wenn ich heute nicht die letzten Geschenke kaufe, komme ich bis zum 24. überhaupt nicht mehr dazu. Also Adios, lieber Engel.

Engel setzt sich:
Keiner hat Zeit. Alle laufen davon. Es ist, als wollten sie alle selbst Weihnachten machen. Dabei bekommen sie Weihnachten doch von Gott geschenkt.

3 Kleines Krippenspiel: „Das Schönste auf der Welt„

Altersgruppe: 5 bis 6 Jahre
Biblischer Bezug: Lk 2,1–20
Kirchenjahr: Advent/Weihnachten
Thema: Was ist wichtig?

1. Szene nach Verlesen von Lk 2,1–3

Augustus: Ich brauch' mehr Geld; ich brauch mehr' Geld,
denn Geld ist doch, das Schönste auf der Welt!

Diener: Lass doch die Leute Steuern geben,
dann wirst du schon bald besser leben.

Augustus: Au fein!
So soll es sein!
Ein jeder wird sofort gezählt,
denn schließlich bin ich auserwählt,
und was ich wünsch' das ist Gebot.
Ein König leidet nun mal keine Not.

Diener: Ich geb' bekannt dein weises Wort
im ganzen Reich – an jedem Ort.

Szene nach Verlesen Lk 2,4–6

Josef: Ich muss zur Zählung in die Vaterstadt,
damit der König reichlich Schätze hat.

Maria: Nach Bethlehem? In diesen Tagen?
Mein Gott! In deiner Nähe will ich's tragen.

Josef: Maria! Komm und lass uns geh'n.
Gott wird uns helfen zu besteh'n.

Maria: Ein wahrer Schatz ist nicht in Geld zu messen.
Das hat der König ganz vergessen
Viel größer als sein Schatz ist unser Hoffen,
denn uns're Sehnsucht bleibt nicht offen.

Josef: Ein Kind ist doch das Schönste hier auf Erden,
was kann man mehr, als Vater oder Mutter werden.

Maria: Ich spür' die Zeit ist nah heran!
Such' einen Platz, wo ich dem Kind das Leben schenken kann.

Josef: Verschlossen sind in Bethlehem die Türen all.
In unsrer Not bleibt uns nur dieser Stall.

Szene nach Verlesen Lk 2,8–14

1. Hirt: Ach, würde man uns doch mehr achten,
wir brauchten nicht im Freien übernachten.

2. Hirt: Man sagt, wir seien gar nichts wert,
und das hat uns das Herz beschwert.

1. Hirt: Sieh dieses Licht vom Himmel scheinen!
Ich habe Angst. Ich könnte weinen!

2. Hirt: Oh, diese Nacht ist anders, als die andren Nächte!
Ach, wenn Sie doch was Gutes brächte.

Engel: Ihr Hirten, hört mein gutes Wort:
Ein Kind nimmt eure Sorgen fort.
So wie ihr seid, nimmt es euch an,
damit ein jeder glücklich leben kann.
Es wird im Stall in einer Krippe liegen.
Mit Sanftmut wird es alle Not besiegen.
Brecht auf und sucht das Kind sogleich,
dann werden eure Herzen reich.

1. Hirt: Ein Licht für uns're Dunkelheit ist da!
Wir woll'n es seh'n! Es ist ganz nah!

2. Hirt: Drum lass uns geh'n noch diese Nacht,
denn Gott hat sein Versprechen wahr gemacht.

Szene nach Verlesen von Lukas 2,15–20

1. Kind: Seit dieser Zeit sind viele hundert Jahre schon vergangen!
Doch mit dem Kind hat alles angefangen.

2. Kind: Ein guter Mensch zu sein, dazu sind wir am Leben
und jeder kann dem Andern Freude geben.

1. Kind: Ein Streicheln oder auch ein gutes Wort –
das nimmt oft viele Sorgen fort.

2. Kind: Ja, diesen Schatz, den kann man nicht in Taschen stecken.
Ein frohes Herz kann jeder in sich selbst entdecken.

1. Kind: Folgst du der Botschaft dieser Nacht,
dann ist ein Licht in Dir erwacht.

2. Kind: Ein Licht, das alle Finsternis erhellt –
das ist das Schönste auf der Welt.

4 Abraham bricht auf

Altersgruppe: 6 bis 8 Jahre
Biblischer Bezug: Gen 12,1–3
Kirchenjahr: 5. Sonntag nach Trinitatis
Thema: Aufbrechen/Neues wagen

Gespräch zwischen Abraham und seinen Freunden:

1. Freund: Warum willst du denn noch einmal losziehen? Ach, Abraham! Du hast doch alles, und außerdem bist du auch schon ziemlich alt.

Abraham: Gott sagt mir: Geh', in ein Land, das ich dir zeigen will. Ich bin so neugierig, was mich dort erwartet. Gott ruft mich.

2. Freund: Vielleicht täuschst du dich. Es kann dir doch kaum besser gehen als jetzt. Du bist ein reicher Mann.

Abraham: Aber wenn nichts mehr auf mich wartet, wenn Reich-Sein alles ist, worüber ich mich freuen soll. Das ist doch langweilig.

1. Freund: Weißt du überhaupt, wie gefährlich das ist. Mit der ganzen Familie losziehen, und du weißt nicht, wo du ankommst.

Abraham: Gott hat versprochen mir den Weg zu zeigen. Er will mir ein schönes Land zeigen.

2. Freund: Und wenn dein Gott sein Versprechen nicht hält?

1. Freund: Wenn du dich verirrst? Wenn du deinen ganzen Besitz verlierst?

Abraham: Gott hat mir noch mehr versprochen. Er will mir viele Nachkommen schenken.

2. Freund: Abraham, du bist alt. Und du hast bis heute keinen Sohn und keine Tochter. Wie soll das gehen?

1. Freund: Abraham! Du machst einen Fehler!

2. Freund: Bleib' hier und freu' dich an dem, was du hast. Es ist alles viel zu gefährlich.

Abraham: Nein, ich muss los, sonst werde ich nie erfahren, ob ich Gott glauben kann und außerdem wünsche ich mir nichts sehnlicher als ein Kind.

5 Zachäus

Altersgruppe: 6 bis 8 Jahre
Biblischer Bezug: Lk 19,1–10
Kirchenjahr: 3. So. n. Trinitatis
Thema: Vergebung/Größe/Glauben

Erz: In der Stadt Jericho lebte ein Mann mit dem Namen Zachäus. Er war Zöllner. Doch Zöllner hatten damals einen sehr schlechten Ruf. War man unterwegs in eine andere Stadt, so konnte es geschehen, dass man plötzlich vor einer Schranke stand und der Zöllner einem zurief:

Zach: Willst du den Weg jetzt weiter gehen,
so will ich Geld in meiner Tasche sehen.

Erz: Natürlich ärgerte das die Leute, und sie schimpften mächtig auf die Zöllner. Zöllner waren nicht ehrlich und das machte sie reich. Je mehr sie betrogen, desto reicher wurden sie. Fragte man z.B. in Jericho nach Zachäus, so bekam man zu hören:

Leute: Mit Zöllnern haben wir nichts zu schaffen,
weil sie betrügen und das Geld zusammenraffen.

Erz: Gerade den Zachäus konnten sie am wenigsten leiden, denn er war der oberste und reichste unter den Zolleinnehmern. Zu all dem war er noch sehr klein. Wenn er durch die Straßen Jerichos ging, spottete man hinter seinem Rücken:

Leute: Seht, da kommt der böse Zwerg,
häuft das Geld zum Riesenberg.

Erz: Nun geschah es aber, dass Jesus durch Jericho reiste. Alle die von Jesus gehört hatten, wollten ihn sehen und zu sich einladen. Sie umringten Jesus und baten ihn laut:

Leute: Komm' und kehre bei uns ein.
Wir wollen deine Freunde sein.

Erz: Auch Zachäus wollte Jesus gern einmal sehen. Aber da er klein war und viele Leute um Jesus herumstanden, blieb ihm nichts weiter übrig, als auf einen Baum zu klettern. Von dort oben konnte er ihn sehen. Aber wie staunten die Leute, als Jesus gerade auf Zachäus zuging und rief:

Jesus: Bei dir, Zachäus, bin ich heut zu Gast,
weil du gar keine Freunde hast.

Erz: Die Leute von Jericho sahen einander an und konnten das überhaupt nicht verstehen. Sie riefen:

Leute: Warum geht er zu diesem bösen Mann,
den niemand von uns leiden kann?

Erz: Jesus aber ging mit Zachäus nach Hause. Lange sprachen sie miteinander, und am Ende war Zachäus wie verwandelt. Er versprach:

Zach: Was ich in Bosheit weggenommen,
das soll'n die Armen nun bekommen.

Von nun an kann ich besser leben,
denn meine Schuld ist mir vergeben.

Erz: Da sich die Leute aber immer noch wunderten,
sprach Jesus:

Jesus: Die niemand mag, denen will ich meine Hand hinreichen.
Ja, ihnen biet' ich meine Hilfe an.
Sie anzunehmen, ist das erste Zeichen,
dass Friede in den Menschenherzen wachsen kann.

6 Martin

Altersgruppe: 6 bis 9 Jahre (größere Kinder spielen etwas für kleinere vor)
Biblischer Bezug: Gen 1
Kirchenjahr: Martinstag
Thema: Finsternis/Licht

Als Weg in die Vergangenheit kann der Martinstag gestaltet werden, verschiedene Stationen mit Spielszenen werden mit dem Lampionumzug aufgesucht.

Kinder werden in einer kurzen Ansprache auf den Weg in die Vergangenheit vorbereitet. Dabei können der Begriff „Dunkle Vergangenheit" und die Lampions aufeinander bezogen werden. Es wird von Martin erzählt, der zum Bischof von Tours gewählt wurde. Dieser aber hat sich versteckt. Ihn zu suchen, werden die Kinder eingeladen. Er soll sich in einem Gänsestall versteckt haben. Wenn er gefunden wird, soll er mit einem Spruch herausgerufen werden. Diesen üben die Kinder zuvor ein:

Martin, Martin!
Komm' aus deinem Gänsestall.
Zank und Streit ist überall.
Keiner will mehr richtig teilen.
Du musst uns zu Hilfe eilen.

Nach dem Üben kommt ein Bote aus der Vergangenheit geritten.

Erste Worte des Boten (Können von einer Papierrolle abgelesen werden)

Ihr Leute von Tours!
Hört das Urteil des Heiligen Rates!
Zum Bischof über die Stadt und die ganze Gegend wurde Martin gewählt.
Seine Bescheidenheit und sein gutes Herz haben ihn als den Geeignetesten erscheinen lassen.
Da es aber der gute Martin aber vorgezogen hat,
in der Einsamkeit zu leben,
müssen wir ihn finden.
Zündet eure Laternen an, und macht euch mit mir auf die Suche.
Erlassen und unterschrieben vom Hohen Rat
im Jahre des Herrn 371.

Kinder ziehen zu einem Ort, an den der Bote sie führt und rufen ihren zuvor erlernten Spruch.
Nach mehrmaligem Rufen erscheint Martin. Ein Dialog mit einem Kind beginnt, der vorher eingeübt wurde.

Martin: Hört endlich auf meine armen Ohren zu quälen.

Kind: Martin, man hat dich zum Bischof gewählt.

Martin: Seht mich an! Sieht so ein Bischof aus?
Ich lebe im Gänsestall, ein Bischof im Palast.
Ich trage Lumpen, ein Bischof trägt prächtige Kleider.

Kind: Gerade weil du so bist, wollen wir dich zum Bischof haben.
Bescheiden und nicht hochnäsig.
Barmherzig und nicht selbstgerecht.

Martin: Da habt ihr Euch aber etwas ausgedacht.
Ich weiß nicht so recht.

Kind: Du wirst gewiss ein guter Bischof.
Jeder weiß von deinen guten Taten.
Die Geschichte von deinem Mantel erzählen sich viele Leute.

Martin: Zieht weiter in eurer Geschichte.
Ich überlege mir die Sache.

Kind: Kommt wir ziehen zu der Geschichte von Martin und dem Bettler.

Diese Szene wird an einem großen Lagerfeuer gespielt.

Bettler: He, ihr Leute lasst mich durch!
Ich bin schon fast erfroren.

Martin: Warum hast du in dieser kalten Zeit nichts anzuziehen?

Bettler: Mein Kind war krank. Um Medizin zu kaufen hatte ich kein Geld. So gab ich dafür meine warmen Sachen hin.

Martin: So nimm ein Stück von meinem Mantel. Sein Stoff ist 7 Meter lang.

Bettler: Oh, Herr! Euch hat ein guter Gott geschickt.
Ich hatte Angst, dass ich in diesem Winter an der Kälte sterben werde.

Martin: Es steht geschrieben in dem Buch des Lebens,
dass Jesus sagt:
Was ihr getan habt meinen armen Brüdern, das habt ihr auch für mich getan.

Bettler: Ein gutes Wort. Doch wer tut heute noch etwas für Arme?
Weil kaum noch einer teilen kann, fängt immer wieder Unglück an.

Martin: Hier sind zwei Körbe voll mit besten Hörnchen.
Komm' Bettler, wir woll'n sie den Kindern geben.

Bettler: Damit ihr früh zu teilen lernt,
darf keiner sein Hörnchen ganz alleine essen.
Er muss es mit 'nem andren teilen.

Hörnchen werden ausgeteilt, und Kinder teilen sie mit einem anderen.

7

Das Licht

Altersgruppe: 6 bis 8 Jahre
Biblischer Bezug: Gen 1 und Joh 1
Kirchenjahr: Epiphanias/Jubilate/Martinstag
Thema: Finsternis/Angst

Anspiel ist nur für einen Abendgottesdienst geeignet, weil eine dunkle Kirche nötig ist.

Kind A: Hallo! Hallo! Hallo!
Wie dunkel es ist! Ich fürchte mich ein bisschen!

Kind B: Hallo! Ich höre dich, aber sehen kann ich dich nicht, wo bist du?

Kind A: Hier! Dann sind wir ja wenigstens nicht allein.

Kind C: Hallo! Ich bin auch noch hier. Wir sind mindestens drei Kinder im Dunkeln.

Kind D: Hallo! Nicht drei, sondern vier.

Kind A: Noch einer! Vielleicht ist die ganze Kirche voller Kinder, und wir wissen es nur nicht.

Kind B: Das ist es ja, was mir Angst macht. Nichts kann man unterscheiden:
Bist du allein, oder sind noch andere Kinder hier?

Kind C: Haben sie ein freundliches oder trauriges Gesicht?

Kind D: Gehe ich auf den Ausgang zu, oder verlaufe ich mich immer weiter im Dunkeln?

Kind A: Passiert gleich etwas Böses oder etwas Gutes mit mir? Im Dunkeln ist immer alles möglich. Im Dunkeln kann man höchstens schlafen, aber immer im Dunkeln können wir nicht leben!

Kind B: Das stimmt: Wir können im Dunkeln nicht leben.

Kind C: Ganz am Anfang, als noch nichts da war, muss es so dunkel gewesen sein. Finsternis weit und breit!

Kind D: Aber, es ist doch nur dunkel, weil es Abend ist und die Tage jetzt kürzer sind.

Kind A: Wir haben doch gesehen, als es hell war, dass die Welt bei Licht besehen sehr schön ist.

Kind B: Mit einem leuchtenden Himmel, der selbst in der Nacht nicht ganz dunkel ist und an dem die Sterne leuchten.

Kind C: Mit leuchtenden Gesichtern, die sich freuen, weil sie einander erkennen.

Kind D: Mit leuchtenden Augen, die sehen, dass Gott alles so schön gemacht hat.

Kind A: Alles Gute beginnt mit dem Licht! Alles sehnt sich danach.

Kind B: Gott hat mit dem Licht angefangen.

Kind C: Mit dem Licht?

Kind D: Ja, mit dem Licht. Am Anfang schuf Gott den Himmel und die Erde, und als noch alles finster und schrecklich war, sprach er: ES WERDE LICHT!

Kind A: Ja, das war und ist wirklich ein guter Anfang.

Kind B: Na, dann lasst uns doch ein Licht anzünden, damit wir sehen, dass vielleicht noch viel mehr Kinder hier sind.

Kind C: … damit wir sehen, dass ihre Augen und Gesichter leuchten und nicht finster blicken.

Kind D: … damit wir sehen, dass die Welt nicht schwarz und grau, sondern in Wirklichkeit bunt und hell ist?

Kind A: … damit wir sehen können, dass Gott es gut mit uns meint.

Eine Kerze wird in der dunklen Kirche angezündet. Kinder entzünden ihre Kerze an dieser und verteilen das Licht in der Kirche.

8 Der Turmbau zu Babel

Altersgruppe: 7 bis 9 Jahre
Biblischer Bezug: Gen 11,1–9
Kirchenjahr: 29. Juni Tag der Apostel Petrus und Paulus/12. Sonntag nach Trinitatis
Thema: Geist der Gemeinschaft/ Einander Verstehen

Alle: Wir sind die Größten.
Wir sind die Besten.
Wir sind die Schlausten.
Wir können alles.
Sollen wir es Euch beweisen?
Dann passt auf:

Kind A: Wir werden jetzt den größten Turm der Welt bauen, und ihr dürft uns dabei bewundern. Eh, los wir organisieren uns erst mal Material!

Kind B: Immer bestimmst du, was wir machen. Aber bilde dir bloß nicht ein, der Chef zu sein. Gut, aber so ein großer Turm ist natürlich eine tolle Idee!

Kind C: Ja, ich kann wieder die Schubkarre schieben! Immer muss ich die ollen Arbeiten machen. Kann nicht mal jemand anders die olle Arbeit machen?

Kind D: Hör auf zu meckern, wir wollen beweisen, dass wir die Besten sind. Also zeig auch dein Bestes und nimm die Schubkarre!

Kind A: Sie werden uns alle bewundern. Wir werden richtige Stars. Unsere Namen werden in aller Munde sein.

Kind B: Ja, mit deinem Mund bist du immer sehr schnell. Aber wenn es dann ans Arbeiten geht, findet man dich immer bei der Pause.

Kind C: Na, du bist doch auch nicht viel besser. Hier arbeitet nur immer einer, und das bin ich. Ihr wollt auf meine Kosten berühmt werden.

Kind D: Mensch, reißt euch zusammen. Ich glaube, wenn ich hier nicht die Führung übernehme, dann wird das nie was.

Kind A: Wieso du? Ich bin doch der, der hier zu bestimmen hat. Ich hatte als erster die Idee, also bestimme ich!

Kind B: Wenn ihr immer nur die Chefs sein wollt, dann kriegen wir hier gar nichts auf die Reihe und schon gar keinen Turm gebaut. Und Ihr seid für mich sowieso keine Chefs.

Kind C: Große Klappen und zu blöd, 'ne Schubkarre zu schieben. Ihr seid alle drei Maulhelden, und ich bin der einzige der die Arbeit macht.

Kind D: Mit Muskeln allein ist noch kein Turm gebaut worden. Entweder einer bestimmt jetzt, oder hier gerät alles durcheinander.

Kind A: Ist doch klar, wer der Bestimmer ist. Hab' ich Euch doch vorhin schon gesagt.

Kind B: Dann baue doch deinen Turm alleine.

Kind C: Bloß wegen euch beiden Sturköpfen kriegen wir nichts auf die Reihe.

Kind D: Na, du hast doch auch noch keinen Handschlag gemacht.

Kind A: Ihr seid mir alle zu blöd. Ich baue alleine den größten Turm der Welt.

Kind B: Ja, mit dem Mund.

Kind C: Mit euch wäre das sowieso nichts geworden.

Kind D: Ich hab es ja gar nicht nötig, mich mit euch abzugeben.

Fazit: Meine Damen und Herren! Sie erlebten: die Größten, die Besten, die Schlauesten.

9 In Ägypten

Altersgruppe: 6 bis 8 Jahre
Biblischer Bezug: Ex 2,5 und Jes 42,3
Kirchenjahr: 12. Sonntag n. Trinitatis
Thema: Not ertragen/Sich wehren/
Zuversicht finden

Man sieht Israeliten bei schwerer Arbeit.

Israelit A: Es ist zuviel. Ich schaff' es einfach nicht.
Nur mehr und mehr. Wo scheint ein Licht?

Israelit B: Wir mühen uns seit vielen Tagen,
und es ist kaum noch zu ertragen.

Israelit C: Dem Pharao nur Steine machen,
dabei vergeht dir schnell das Lachen.

Aufseher: Müsst ihr denn ständig etwas lallen?
Ich lass gleich meine Peitsche knallen.

Lässt Peitsche durch die Luft wirbeln.

Israelit A: Wie lange noch, ich halt es nicht mehr aus?
Wie kommen wir aus diesem Sklavenhaus?

Israelit B: Nur still! Wir dürfen hier nichts sagen.
Es werden sonst nur größer unsre Plagen.

Israelit C: Hätt' ich die Kraft zum freien Leben!
Ich würd', wie Mose, mich erheben.

Aufseher: Was faselt Ihr von Mose', einem Retter!
Er floh und Ihr seid hier.
Es gibt hier gleich ein Donnerwetter.
Die Widerborstigkeit. Jetzt reicht sie mir!

Geht gegen Israeliten mit der Peitsche vor.

Alle: Wer hilft uns diese Knechtschaft zu verlassen?
Wer lässt uns wieder freie Menschen werden?
Wir woll'n das Leben lieben und nicht hassen.
Sind wir verloren hier auf Erden?

10 Wüstenwanderung

Altersgruppe: 6 bis 10 Jahre
Biblischer Bezug: Ex 16
Kirchenjahr: 7. Sonntag nach Trinitatis
Thema: Vertrauen/Hoffen/Durchhalten

Erz: Hunger; großen Hunger hatten sie.
Nichts war übrig geblieben. Alles war aufgebraucht.
Missmutig zogen sie dahin.

Kinder laufen im Kreis.

Kind A: Ich kann nicht mehr!

Kind B: Ich auch nicht!

Kind C: Wir werden alle verhungern!

Alle 3: Wären wir doch nur in Ägypten geblieben,
da hatten wir Fleisch und Brot.

Kind A: An allem ist dieser Moses schuld.

Kind B: Er hat gesagt: Gott hilft uns! Und nun?

Kind C: Und dieser Aaron ist auch nicht viel besser.

Mose: Wartet, Gott wird tun, was er versprochen hat.
Er hat eure Gebete erhört. Ihr sollt Fleisch am Abend und Brot am Morgen bekommen.

Kind A: Moses spinnt.

Kind B: Wo soll denn das herkommen, hier in der Wüste?

Kind C: Das sind sicher nur Ausreden.

Erz: Aber am Abend schauten alle zum Himmel.
Ein riesiger Schwarm von Wachteln ließ sich im Lager nieder.

Kind A: Endlich haben wir wieder etwas zu essen.

Kind B: Hätte ich nicht gedacht.

Kind C: Vielleicht war es ein Zufall?

Erz: Am Morgen als die Israeliten aufwachten, da lagen kleine runde Körner auf der Erde.

Kind wirft Bonbons von der Kanzel oder Empore.

Kind A: Was ist denn das?

Kind B: Das hab' ich noch nie gesehen.

Mose: Das ist Manna. Das Brot, das Gott euch geschenkt hat.

Kind A: Ich koste mal. Hmm! Schmeckt gut und süß.

Kind B: Tatsache! Schmeckt wie Honigkuchen.

Kind C: Kommt, wir sammeln es ein, damit alle satt werden.

Erz: Seit dieser Zeit wissen die Israeliten, dass Gott hilft, den Hunger zu stillen, dass er will, dass alle Menschen ihr tägliches Brot bekommen.

11 ABC – Die Schule tut nicht weh

Altersgruppe: 6 bis 8 Jahre
Biblischer Bezug: Jes 43,1
Kirchenjahr: Schulanfängergottesdienst
Thema: Anfangen zwischen Neugier und ein bisschen Furcht

Kind A: Jetzt, geht es richtig los mit der Schule. Die Zuckertüte war ja gut, aber jetzt …?

Kind B: Ich freue mich auf die Schule. Bald kann ich richtig lesen.

Kind A: Na ja, Ich hab vor allem ein bisschen Angst. Heute Morgen wollt ich gar nicht richtig aufstehen.

Kind B: Schule macht bestimmt Spaß!

Kind A: Und wenn man etwas nicht richtig kann?

Kind B: Dann helfen die Lehrer.

Kind A: Und wenn die anderen Kinder dich auslachen?

Kind B: Dann sind sie dumm.

Größeres Kind kommt dazu.

Gr. Kind: Na, Ihr beiden, erzählt ihr, was ihr in euren Zuckertüten hattet.

Kind A: Nein, wir wissen nicht, ob Schule Angst oder Spaß macht.

Gr. Kind: Na ja, ich glaube erst ist man ängstlich und dann freut man sich.

Kind B: Wovor muss man denn in der Schule Angst haben?

Gr. Kind: Na ja, die Schule ist ja da, um dich mit vielen neuen Dingen vertraut zu machen.
Du lernst Lesen und Rechnen. Du musst fast eine Stunde hintereinander aufpassen.
Und wenn man etwas neu anfängt, dann macht es auch immer ein bisschen Angst. Man weiß ja nicht, ob alles gut geht.

Kind A: Und wann freut man sich?

Gr. Kind: Fast immer, wenn man seine Angst vor dem Neuen überwunden hat.
Wenn man plötzlich merkt: Man kann lesen.
Oder man hat verstanden wie etwas gerechnet wird und man merkt, es funktioniert.

Kind B: Also erst ein bisschen Angst und dann Freude!?

Gr. Kind: Ja, so wie das immer ist, wenn man neugierig ist.

Kind A: Und wie ist das?

Gr. Kind: Erst traut man sich nicht richtig, aber wenn man sich dann getraut hat, dann ist man unheimlich stolz und glücklich, dass man etwas kann, was man vorher nicht konnte.

12 Erster Schultag

Altersgruppe: 6 bis 8 Jahre
Biblischer Bezug: Ps 66,5
Kirchenjahr: Schulanfang
Thema: Anfang/Erwartung/Ungeduld/
Aufregung

Aufbruch am ersten Morgen.

Mutter: Komm' noch mal her, ich will sehen, ob Du so losgehen kannst.

Begutachtet das Schulkind von allen Seiten. Sieht ins Gesicht und entdeckt einen vermeintlichen Schmutzfleck, zieht das Taschentuch heraus und sagt:

Mach' mal nass?

Kind empört:
Also Mamaaa! Ich bin kein Kindergartenkind mehr.
Ich geh' jetzt zur Schule!

Mutter: Vertrauen ist gut! Kontrolle ist besser!
Federtasche, Taschentuch, Hausaufgabenheft?
Hast du den Zeichenblock eingesteckt?

Kind genervt:
Ja. Mammaaa!
Hast du denn meine Schulstullen schon fertig?

Mutter: Ach ja, das hätte ich fast vergessen.
Was willst du denn drauf haben?

Kind: Marmelade.

Mutter: Für die Schule gibt es keine Marmelade.

Kind: Und warum nicht?

Mutter: Die klebt und außerdem braucht man für die Schule etwas Kräftiges.

Kind: Na, dann Wurst und Käse!
Die Lehrerin war ja nett bei der Einschulungsfeier?
Wie lange wird es dauern, bis ich die Geolino lesen kann?

Mutter: Na ja, so richtig fließend, das wird schon seine Zeit brauchen.
Hauptsache, du liest sie nicht beim Frühstück wie Papa seine Zeitung.

Kind: Wenn die erste Klasse um ist, kann ich es dann?

Mutter: Es wird wohl noch ein Weilchen länger dauern.

Kind: Hmmm? Das dauert ja lange. Über ein Jahr!
Und wenn ich weniger Marmelade und mehr Wurst und Käse esse.

Mutter: Mit dem kräftigen Essen hat das weniger zu tun. Das Lernen braucht seine Zeit. Da muss man schon ein bisschen Geduld haben. Hauptsache, man macht sich auf den Weg, dann kommt man auch irgendwann an.

Kind: Na, dann geh ich mal los.

Mutter: Halt!

Kind: Wieso?

Mutter: Na, deine Schulstullen.

13 Der größte Vater

Altersgruppe: 6 bis 7 Jahre
Biblischer Bezug: 1Sam 17
Kirchenjahr: 11. Sonntag nach Trinitatis
Thema: Vergleichen/Prahlen

Zwei Jungen versuchen sich mit Ihren Vätern zu übertreffen.

Junge A: Mein Vater ist so stark, der kann mich mit einem Arm hochhheben.

Junge B: Mein Vater ist noch stärker, der kann mich und meine Schwester mit einem Arm hochheben.

Junge A: Dafür kann meiner ganz schwere Aufgaben ausrechnen.

Junge B: … und meiner ganz lange die Luft anhalten.

Junge A: … dafür ist meiner größer als deiner.

Junge B: … na und, dafür hat meiner solche großen Hände.

Junge A: … und meiner hat ganz große Füße.

Junge B: Mein Vater ist der stärkste, der klügste und größte Vater.

Junge A: Meiner auch.

Junge B: Na, dann haben wir eben beide die besten Väter der Welt.

14 Anspiel: Von der richtigen Größe

Altersgruppe: 5 bis 8 Jahre
Biblischer Bezug: 1Sam 17 und Lk 19
Kirchenjahr: 3. Sonntag nach Trinitatis/ Schulanfang
Themen: Was ist wichtig?/Was zählt?/ Die Größe des Geistes

Ein großes und ein kleineres Kind messen sich gegenseitig.

Gr. Kind: 1 Meter und ...! Na da staunst du mein(e) Kleine(r)!

Kl. Kind: Ich staune, dass du dir darauf was einbildest.

Gr. Kind: Na, du weißt doch: kleine Leute übersieht man.

Kl. Kind: Große kann man auch übersehen.
Wer groß ist, braucht sich damit nicht groß zu tun?
Es gibt auch Kleine, die Größe beweisen?

Gr. Kind: Wie soll das denn gehen?
Wenn sie auf die Leiter klettern oder auf ein Podest?
Oder wenn ich dich zum Beispiel auf den Arm nehme?

Kl. Kind: Es kommt nicht immer auf die Zentimeter an.
Manchmal ist der Kleine besser dran?

Gr. Kind: Ja, wenn es eng ist, oder wenn es gefährlich wird, kann er sich besser verstecken.

Kl. Kind: Das meinte ich eigentlich nicht.

Gr. Kind: Was dann?

Kl. Kind: Na, zum Beispiel wie bei der Geschichte vom tapferen Schneiderlein.
Da hat der kleine Schneider einen großen Riesen auf den Arm genommen.

Gr. Kind: Der war ja auch ziemlich blöd. Sich mit einem Vogel, einem Käse austricksen zu lassen und zu glauben, dass Blätter schwerer als der Stamm sind – der war genau so groß wie seine Dummheit!

Kl. Kind: Aber er war doch groß? Und er hat sich auch was auf seine Größe eingebildet?

Gr. Kind: Na ja, vielleicht gibt es auch kleine Helden?
Und wer groß ist, muss nicht immer eine große Leuchte sein.
Es muss eben alles gleichmäßig wachsen.
Nicht nur die Körpergröße, sondern auch der Verstand.

Kl. Kind: Genau. Jetzt bist du eben wieder ein bisschen gewachsen?

Gr. Kind: Wirklich? Miss gleich mal nach.

Kl. Kind misst nach. Es ist immer noch die gleiche Zahl wie beim Anfang.

Gr. Kind: Was erzählst du denn? Ist doch genauso viel wie vorhin.

Kl. Kind: Diese Größe habe ich ja auch nicht gemeint!

15 Endlich Erwachsen

Altersgruppe: 12 bis 14 Jahre
Biblischer Bezug: Spr 3,1–3
Kirchenjahr: Konfirmation
Thema: Erwachsen/Etwas noch nicht dürfen

Lisa: Oh! Sie tun, als ob ich noch in den Kindergarten gehen würde?

Joh: Wer, die Jungs?

Lisa: Quatsch, meine Eltern.

Joh: Ach, du hast auch Zoff mit deinen Eltern?

Lisa: Na ja.
„Hol deinen Bruder ab! Geh Einkaufen! Vergiss die Hausaufgaben nicht! usw.“
Aber das Schlimmste ist, um halb sieben muss ich zum Abendbrot zu hause sein. Das ist echt krass.

Joh: Ich muss um 7 da sein. Ist auch nicht viel besser. Gerade wenn es richtig interessant wird, müssen wir lieben Kleinen zu Mama und Papa.

Lisa: Wenn man doch endlich erwachsen wäre, dann könnte man endlich machen, was man will.

Beide beginnen zu schwärmen:

Joh: Abends ins Kino!

Lisa: Samstags zur Disko!

Joh: Anziehen, was cool aussieht!

Lisa: Eigenes Schminkzeug!

Joh: Fernsehen bis zum Testbild.

Lisa: Mit Süßigkeiten zum Einschlafen.

Joh: Schlafen bis zum Mittag.

Lisa: Nichts mehr im Haushalt tun müssen.

Joh: Und keiner der einem vorschreibt, was man zu tun und was man zu lassen hat.

Beide: Oh. Das wäre einfach herrlich.

16 Der entspannte Fischer (nach Heinrich Böll)

Altersgruppe: 10 bis 14 Jahre
Biblischer Bezug: Lk 12,13–30
Kirchenjahr: Entedank
Thema: Was ist schön im Leben?/Mehr haben wollen

Nach Heinrich Bölls Anekdote zur Steigerung der Arbeitsmoral

Fischer kommt und setzt sich ganz entspannt in einen Liegestuhl und betrachtet das Meer. Zwei Touristen kommen und beginnen ein Gespräch. (Fischer gibt „Joo's" in verschiedene Nuancen. Touristen ereifern sich zunehmend.)

Tourist A: Ein Wetterchen heute?

Fischer: Jooo!

Tourist B: Schon draußen gewesen und die Netze ausgeworfen?

Fischer: Jooo!

Tourist A: Und hat es sich gelohnt?

Fischer: Jooo!

Tourist B: Lässt sich ja hier mit Fisch und den Urlaubern 'ne ganze Menge Geld verdienen.

Fischer: Jooo!

Tourist A: Da kann man ja hier ein reicher Mann werden.

Fischer: Jooo!

Tourist B: Neulich Nachmittag wollte ich noch ein bisschen Räucherfisch kaufen, und da war alles schon ausverkauft.

Fischer: Jooo!

Tourist A: Es ließe sich also noch eine Menge mehr hier absetzen.

Fischer: Jooo.

Tourist B: Der Tag ist noch früh. Man könnte sicher noch mal zum Fischen hinausfahren.

Fischer: Jooo!

Tourist A: Zweimal Fischen gleich doppelter Fang, doppelter Verkauf gleich doppelter Gewinn!

Fischer: Jooo!

Tourist B: Doppelter Gewinn! Zweites Boot! Zweimal Raus fahren! Vierfacher Gewinn!

Fischer schaut nur verwundert.

Tourist A: Mit dem Gewinn eine kleine Fischfabrik bauen und Konserven herstellen, und das ganze Jahr gut verdienen.

Fischer sieht von einem zum anderen.

Touristen werden immer schneller in ihren Ideen.

Tourist B: Ein kleines Fischgeschäft eröffnen.

Tourist A: Große Schiffe kaufen, und andere Fanggründe erschließen.

Tourist B: So richtig im internationalen Markt mitmischen.

Tourist A: Hubschrauber kaufen um Heringsschwärme ausfindig zu machen.

Tourist B: Herrscher über ein globales Fischimperium werden!!!

Touristen schauen Fischer erwartungsvoll an.

Fischer: Jooo, und?

Tourist A: Na und dann das Leben so richtig genießen.

Tourist B: Am Strand sitzen und auf's Meer schauen!

Fischer: Jooo, aber das mach' ich doch gerade.

17 Petrus und Paulus

Alter: 6 bis 8 Jahre
Biblischer Bezug: Fast alle Texte, die sich auf Petrus und Paulus beziehen
Kirchenjahr: 29. Juni Tag der Apostel Petrus und Paulus/12. Sonntag nach Trinitatis
Thema: Biblische Personen/Kirchfest einer Peter-Pauls-Kirche

Kind A: Manchmal kommt die Vergangenheit ganz nah.

Kind B: Manchmal findet man erst die Lösung, wenn man zurückdenkt.

Kind C: Und manchmal sind die alten Geschichten ganz modern.

Kind A: Ja, manchmal muss man sich an den Anfang erinnern.

Kind B: Und dann werden manchmal altbekannte Lieder mit einem neuen Text gesungen.

LIED nach der Melodie „Danke für diesen guten Morgen" (EG 334)

Danke für diesen schönen Morgen.
Danke, dass wir zusammen sind.
Danke, dass wir heut feiern dürfen,
weil was neu beginnt.

Danke für uns're alte Kirche.
Danke, dass man sie jung erhält.
Danke, dass hier nicht alle glauben,
was nur zählt ist Geld.

Danke, dass Petrus und auch Paulus
wieder ganz klar zu sehen sind.
Danke, dass sie den Weg begleiten,
wo wir nicht ganz sicher sind.

Danke, dass sie es weitersagten,
was ihnen Jesus anvertraut.
Danke, dass sie in dieser Kirche
werden uns vertraut.

Kind A: Na ja, ein bisschen besser könnte ich sie schon noch kennen lernen.

Kind B: Wie willst du denn jemanden kennen lernen, den es nicht mehr gibt?

Kind C: Aber es gibt doch Geschichten von ihnen, die sind in der Bibel aufgeschrieben, und da sind sie ganz lebendig.

Kind D: Ich würde mich jedenfalls ganz gern mal mit Paulus unterhalten. Er hatte sicher ein sehr abenteuerliches Leben.

Hinter dem Altar kommt in Verkleidung Paulus hervor.
Kinder umringen ihn.

Kind A: Wo kommst du denn her, Paulus?

Paulus: Ich komme aus der Zukunft.

Kind B: Wieso denn aus der Zukunft? Du kommst doch aus der Vergangenheit!

Paulus: Ich bin dahingegangen, wohin mich mein Glaube geschickt hat.

Kind C: In das Himmelreich, von dem Jesus erzählt hat?

Paulus*:* Aus einem Reich, wo es kein Zu-spät, Zu-schnell, Zu-langsam oder Zu-früh gibt. Wo nicht die Zeit, sondern der Gott des Lebens regiert.

Kind D: Aber du bist doch schon lange tot.

Paulus: Wo es kein Zu-spät gibt, da gibt es auch keinen Tod!
Der Tod, der Tod, der Tod! Er ist besiegt. Gott ist stärker.
Jesus hat es gezeigt.
Das glaube ich und ich wünschte, dass alle es glauben könnten.

Kind A: Das ist doch nicht einfach so passiert. Da muss doch etwas geschehen sein?!

Paulus: Na ja, eigentlich bin ich richtig verwandelt worden.
Aus dem wütenden Saulus wurde ein freundlicher Paulus.

Kind B: Das interessiert mich. Ich bin auch manchmal wütend, aber dann dauert es sehr lange, bis ich freundlich werde.

Paulus: Ich war unglaublich wütend auf alle, die Jesus nachliefen. Die behaupteten, er wäre der Retter der Welt. Wir Juden warteten schon ewig lange auf den Retter, den Messias. Aber der, den sie da ans Kreuz genagelt hatten, der konnte es bestimmt nicht sein, da war ich mir ganz sicher.

Kind C: Du warst also ein richtiger Verfolger und Feind der Christen?

Paulus: Ja, das war ich bis zu jenem Tag: Mitten auf dem Weg nach Damaskus hatte ich die seltsamste Begegnung meines Lebens.

Kind D: Erzähl, was ist geschehen. Ein Wunder?

Paulus: In meiner blinden Wut gegen alle Christen, zuckte plötzlich ein Licht auf, und ich hörte eine Stimme sprechen: „Saulus, Saulus warum verfolgst du mich?"

Kind D: Wer war das?

Paulus: Jesus war es. Er ist mir begegnet. Drei Tage war ich wie in einem Schlaf. Und es war wie ein Schlaf, durch den man gesund wird. Ich ließ mich taufen, und fortan musste ich allen von dieser Begegnung erzählen. Es war, als wäre ich zum zweiten Mal geboren.

Kind A: Du hättest doch auch alles für dich behalten können?

Paulus: Na, du bist gut! Stell' dir vor, dir passiert das größte Wunder dieser Welt und du sagst: Ich behalte es für mich. Der ganzen Welt wollte ich es erzählen. Überall bin ich gewesen. Von Ort zu Ort, von Land zu Land bin ich gezogen, um zu erklären, dass man vor nichts mehr Angst haben muss.

Kind B: Na, wenn das kein Grund ist, weiter zu singen vom Wunder des Glaubens.

Wieder Lied nach EG 334

Danke, dass Menschen fröhlich werden,
wenn sie über die Grenzen seh'n.
Danke, dass Paulus uns erklärte,
Jesus zu versteh'n.

Danke, dass wir vertrauen dürfen
und Gott uns eine Richtung gibt.
Danke, wenn wir erfahren dürfen
dass wir sind geliebt.

Danke, dass Menschen Menschen brauchen,
um nicht mit sich allein zu sein.
Danke, dass Gott uns so geschaffen,
um ihm nah zu sein.

Danke, dass Gott uns Jesus sandte,
um unser Leben zu versteh'n.
Danke, dass wir uns nicht verlaufen,
wenn wir mit ihm gehen.

Kind A: Wer ist eigentlich ganz zu Anfang mit Jesus gegangen.

Kind B: Paulus kann es ja nicht gewesen sein, der kam ja erst später dazu.

Petrus kommt hinter dem Altar vor.

Petrus: Ich war es. Damals war ich noch Fischer und wurde Simon genannt.

Kind C: Aber du bist doch der Apostel Petrus!

Kind D: Hat Jesus dich auch verwandelt?

Petrus: Nun ja, eigentlich war es unser gemeinsamer Weg, der mich zum Petrus und zum Apostel machte.

Kind A: Aber du warst der Erste, der mit ihm mitgegangen ist?

Petrus: Damals war ich mit meinem Bruder Andreas gerade beim Fischen.
Jesus kam vorbei und rief uns zu: „Folgt mir, ich mach' euch zu Menschenfischern!".

Kind B: Und da seid ihr einfach so mitgegangen? Auf und davon?

Petrus: Na ja, ein bisschen erzählt haben wir schon miteinander. Und was dieser fremde Mann uns damals erklärte, war so erstaunlich, dass wir einfach, wie man so schön sagt, Feuer und Flamme waren.

Kind C: Und dann habt ihr ihn ganz genau kennen gelernt?

Petrus: Eigentlich nie ganz richtig. Er hat uns jedenfalls immer geholfen. Er hat uns gezeigt, wie man Menschen versteht. Auch die, von denen man meint, sie sind unmöglich oder ganz fremd.

Kind D: Dann bist du sozusagen bei Jesus in die Schule gegangen.

Petrus: Ja, so könnte man es nennen. Es war so etwas wie die Schule des Lebens.

Kind A: Und hast du auch ein Zeugnis bekommen?

Petrus: Kein Zeugnis. Aber meinen Namen habe ich bekommen. Jesus hat mir den Namen Petrus gegeben.

Kind B: Aber du hattest doch schon einen Namen?

Petrus: Ja, aber damals habe ich genau erkannt, wem allein ich gehorchen muss.

Kind C: Was hast du denn da besonderes erkannt?

Petrus: Dass Jesus der Sohn Gottes ist

Kind D: Und dann hast du einen neuen Namen bekommen.

Petrus: Jesus hat zu mir gesagt: „Du bist der Felsen, auf dem die ganze Kirche aufgebaut werden soll." Und Felsen heißt Petrus. Und dann hat er gesagt: „Ich will dir die Schlüssel des Himmels geben, du sollst den Menschen den Himmel aufschließen."

Kind A: Aber wie kann man denn den Himmel aufschließen?

Petrus: Na, indem man staunt und hofft und glaubt und liebt und keine Angst mehr vor dem Tod hat.

Kind B: Dann bist du ja wohl der beste Freund von Jesus gewesen?

Petrus: Eigentlich schon, aber dann wieder überhaupt nicht.

Kind C: Wieso? Ja und überhaupt nicht?

Petrus: Ich hatte damals immer noch große Angst vor dem Tod. Und als sie Jesus verhaftet hatten, da fragten sie auch mich, ob ich nicht sein bester Freund wäre. Und dann war ich so feige und hab' gesagt: Ich kenne Jesus überhaupt nicht.

Kind D: Mutig war das ja nicht gerade.

Petrus: Ja, ich weiß. Aber dann, als ich begriff, dass Jesus sogar den Tod besiegt hatte, da versuchte ich alles wieder gut zu machen. Ich erzählte allen von Jesus und mühte mich, dass viele von unserem Volk an Jesus glaubten. Denn er war und ist der Messias. Er ist der Retter auf den wir so lange gewartet haben. Durch ihn brauchen wir uns nicht mehr fürchten: Vor Ungerechtigkeit, Gemeinheit, vor dem, was kommen mag. Ja, nicht einmal vor dem Tod.

Kind A: Dann hast du ja noch von Jesus gelernt, als er gar nicht mehr bei dir war. Erst hattest du noch Angst und hast gesagt, du kennst Jesus nicht, aber dann hast du allen von ihm erzählt.

Petrus: Am Ende meines Weges, meines Lebensweges hatte ich überhaupt keine Angst mehr. Selbst als der römische Kaiser mich verhaften ließ und mich zum Tode verurteilte, konnte es mir keine Angst mehr machen.

Kind B: Dann können wir ja von einem guten Ende singen. Einem Anfang und einem Ende mit Gott.

Abschließend nochmals LIED nach EG 334

Danke, dass Petrus Felsen wurde
und am Ende ganz fest stand.
Danke, dass er Verstehen lernte,
wer hielt seine Hand.

Danke, dass wir uns irren dürfen
und du uns immer neu vergibst.
Danke, dass du uns auch mit Fehlern
immer noch so liebst.

Danke, dass Petrus und auch Paulus
heute noch zu verstehen sind.
Danke, dass sie den Weg begleiten,
wo er neu beginnt.

Danke, dass sie es weitersagten,
was ihnen Jesus anvertraut.
Danke, dass sie in dieser Kirche
werden uns vertraut.

18 Das pubertäre Paradoxon

Altersgruppe: 13 bis 14-jährige Vor- oder Hauptkonfirmanden
Biblischer Bezug: Spr 3,1–4 und Gen 12,1–3
Kirchenjahr/Gottesdienst: Vorstellungsgottesdienst der Konfirmanden
Themen: Gerechtigkeit/Familie/Konfliktlösung/Eltern/Das 5. Gebot

1. Szene: Familie (3 Pers.)

Mutter: Mein Sohn, vergiss meine Weisungen nicht, und dein Herz behalte meine Gebote, denn sie werden dir ein langes Leben bringen und gute Jahre in Frieden; Gnade und Treue sollen dich nicht verlassen. (Sprüche 3,1)

Sohn: Is' ja schon gut, Mutti. Alles easy.

Vater: Wie redest du eigentlich mit deiner Mutter!
Und wie siehst du überhaupt aus!
Du willst doch nicht etwa so aus dem Haus gehen?
Was sollen die Leute von uns denken?

Sohn verdreht die Augen:
Vielleicht, dass ihr ein bisschen spießig seid?

Vater: Du pass' auf! Deine große Klappe kannst du dir leisten, wenn du dir selbst was leisten kannst. Solange …!

Sohn: Alles klar, jetzt kommt der Spruch mit den Beinen und dem Tisch.

Mutter: Nun kommt, gebt Frieden, ihr Beiden.
Es gibt gleich Mittag, und dann ist es doch schön, wenn wir alle am Tisch sitzen.

Zum Mann:
(Sohn ist dabei sich zu entfernen.) Du musst dich auch nicht immer so provozieren lassen. Er ist jetzt in der Pubertät.

Vater: Schließlich habe ich für dich Partei ergriffen. Oder heißt Pubertät, der liebe Herr Sohn darf sich jetzt alles herausnehmen.

Sohn: Ich mach noch mal die Runde. Zum „Beine-unter-den-Tisch-stecken“ bin ich aber wieder da.

Vater: Hau bloß ab!

2. In der Truppe (5 Pers.)

Sohn: Hey, meine Alten nerven mal wieder.

Mädchen A: Wem sagst du das?

Junge A (ironisch):
Und dabei meinen sie es doch nur gut!

Mädchen B: Neuerdings muss ich um 20.00 Uhr zu Hause sein. Fehlt bloß noch, dass sie mir ’nen Buddeleimer zum 14. Geburtstag schenken.

Junge A (ironisch):
Ja, eure Eltern sind jetzt in einem schwierigen Alter. Ihr müsst etwas Geduld mit ihnen haben.

Sohn: Der Spruch kommt mir ziemlich bekannt vor.

Mädchen A (nachdenklich):
Irgendwie verlangen unsere Eltern von uns, was sie selbst nicht haben.

Junge B: Was meinst du jetzt?

Mädchen B: Na, Verständnis. Wir sollen verstehen, dass sie es nur gut mit uns meinen. Aber was wir meinen, interessiert sie nicht.

Junge A: Genau!

Mädchen A: Eigentlich ist das ja paradox?

Junge B: Was ist denn paradox?
Musst du immer dein Gymnasium raushängen lassen?
Das nervt genauso, wie die Belehrungen meiner Alten.

Mädchen A: Hier eine kleine Nachhilfestunde, mein Herr!

Junge B: Hahaha, ich kann gar nicht lachen.

Mädchen A: Paradox ist etwas Widersinniges, das zugleich auf eine höhere Wahrheit hinweist.

Junge B: Höhere Wahrheit! So hoch, dass nur Erwachsene dahin reichen?

Junge A: Na ja, irgendwie kann man sie ja auch verstehen.

Mädchen A: Ich verstehe nur immer, dass sie mich nicht verstehen.

Sohn: Genau, mir geht es ja auch so. Und da muss man doch fragen, warum verstehen sie mich jetzt nicht mehr so wie früher?

Mädchen B: Weil wir eben nicht mehr die lieben Kleinen sind, die immer nur: „Ja, Mama und Ja, Papa“ sagen.

Junge B: Vielleicht ist das das Paradoxe.

Mädchen B: Oh, da beginnt einer eine höhere Wahrheit zu begreifen.

Junge B: Quatsch. Aber vielleicht ist das der Grund: Sie wollen, dass wir erwachsen werden und wenn wir es ausprobieren, dann wollen sie es lieber doch nicht.

Sohn: Ja, das ist es wohl. Und indem sie uns stark machen wollen, machen sie uns schwach mit ihren Sprüchen.

Mädchen A: Jedenfalls macht mich der ständige Stress mit meinen Eltern nicht stark, sondern schwach.

Mädchen B: Das kannst du laut sagen.

Junge A: Manchmal denke ich, nur weg und ein eigenes Leben beginnen.

Junge B: Aber dazu brauchst du wieder das, was nur deine liebevollen Erziehungsberechtigten haben: Kohle und sich Auskennen mit den Dingen des eigenen Lebens.

Sohn: Da wird es nun für uns paradox.

Mädchen B: Wie meinst du das jetzt?

Sohn: Na, wir wollen ohne unsere Eltern zurechtkommen und können es nicht, und unsere Eltern kommen nicht damit zurecht, dass wir ohne sie auskommen.

Junge A: Alles ist nur noch paradox. Man ist noch so jung und steckt schon voller Probleme.

Junge B: Aber das kann doch nicht der letzte Schluss sein: Wir schaffen es nicht mit unseren Eltern, und wir schaffen es nicht ohne sie.

Mädchen A: Es müsste so etwas wie eine höhere Instanz geben. Einen, der uns und zugleich auch unsere Eltern versteht.

Mädchen B: Einen, der es sowohl gut mit uns und auch gut mit unseren Eltern meint. Aber wer kann schon alle verstehen und zu allen gut sein?

Sohn: Wer ist alt und sagt nicht: Dazu bist du noch zu jung. Und wer ist jung und sagt nicht: Du bist zu alt, um zu wissen, was gerade angesagt ist?

Junge A: Wer kann schon irgendwie von oben auf alle Probleme herabsehen?

Junge B: Wer kann jetzt schon sehen, wie all das Paradoxe einmal ausgehen wird?

Mädchen A: Wer ist alt und jung zugleich? Wer sieht auf alles herab und zugleich weiter?

Mädchen B: Vielleicht braucht es für die höhere Wahrheit auch ein höheres Wesen?!

19

Der Preis läuft heiß

Satire über den Kult des Kaufens

Altersgruppe: 13 bis 14-jährige Vor- oder Hauptkonfirmanden
Biblischer Bezug: Ex 32
Kirchenjahr: Erntedank
Themen: Preise/Verbrauchen/Sinnsuche
Benötigt wird: Jägerkleidung, Kittel, Einkaufswagen. 3 Stühle als Werbestände, Duschbad, Obst, Kisten

1. Szene: Die Schnäppchenjagd
Mitspielende: 2 Einkaufende/3 Verkäufer/Werber

Chor von Käufern und Verkäufern (Melodie wie Werbespots)

Chor/Ref: Wir laufen, um zu kaufen
durch diese reiche Welt.
Wir können nicht verschnaufen,
weil uns stets etwas fehlt.

1. Wir rechnen und verdienen
so emsig wie die Bienen.
Und kaufen dann mit vielem Geld,
die ganze Welt, die ganze Welt.

Ref:

2. Wir pirschen und wir schnappen
nach ganz besond'ren Happen.
Wir suchen mit dem größten Fleiß
den kleinsten Preis, den kleinsten Preis.

Ref:

3. Wir rennen und wir eilen
die abgesteckten Meilen
vom Lohn bis hin zum Großeinkauf
den Lebenslauf, den Lebenslauf.

Ref:

Zwei Jugendliche in Jagdkleidung mit Netz und Gewehr, Fernglas und Einkaufskorb treten vor.

1. Käufer (erklärend):
Heut geh'n wir im Discounter jagen!
Es läuft schon heiß der Einkaufswagen.
Wer schnell ist bei dem Lebenslauf,
braucht wenig Geld zum großen Kauf.
Das große Ding zum kleinen Preis
bringt dir der Schnäppchenjägerfleiß.

2. Käufer (nörgelnd):
Ich kann es kaum erwarten,
den großen Cup zu starten.
Nun komm' doch endlich aus den Puschen!
Da vorne gibt's das Zeug zum Duschen
im Zweierpack zum Einzelpreis.
Das macht auch gleich die Wanne weiß.

(Werbestand mit Duschzeug und Produktberater im weißen Kittel)

1. Werber: Die Firma Ätzo präsentiert:
Was sie ganz sicher interessiert?
Wir sparten bei der Produktion
nicht nur am teuren Arbeitslohn.
Gesundheits- oder Ökotest,
die gaben einst dem Preis den Rest.
Nun können wir gemeinsam lachen
noch billiger kann's keiner machen.

1. Käufer (empört):
Erst juckt der Preis und dann die Haut,
dies Zeug wird nicht im Korb verstaut.

2. Käufer: Du meine Güte was für Güter!
Wer ist denn hier der Anstandshüter!

1. Werber: Wozu ein Anstand im Produkt!
Der wird vom Sonderpreis geschluckt.
Wem diese Masche halt nicht schmeckt,
der ist nicht richtig aufgeweckt.

1. Käufer (liest aus Entfernung):
Dann lass uns das vergessen.
Wir suchen was zum Essen.
Da drüben steht am Sonderstand:
„Tritt ein ins Superleckerland!"

2. Werber: Der Eierpreis ist stark gesenkt!
Das Hackfleisch ist schon fast geschenkt.
Den Superpreis ha'm wir geschafft
durch Produktion in „Massenhaft!".
Was zählt ein Huhn? Was zählt ein Schwein?
Will man am Markt der Größte sein.

2. Käufer (will zugreifen):
Von diesem „ Supergünstighack",
da nehmen wir den 10er Pack.

1. Käufer (hält ihn zurück):
Ich hab da doch ein bisschen Bammel
Man hört so viel von Fleisch und Gammel.

2. Werber (herablassend):
Wenn sie dies Angebot verachten,
dann könn' sie nur noch selber schlachten.

1. Käufer (zieht 2. Käufer weg):
Ich denk an jene Rinderwahnsinnsherden!
Wir sollten lieber Vegetarier werden.

2. Käufer (geht zu anderem Stand):
Sieh' doch das Obst, wie es fast lacht,
hier kaufen wir die wahre Pracht.

3. Werber: Der Apfel aus dem Senegal,
ist resistent für jeden Fall.
Und diese Frucht aus Sao Paul,
wird ihnen garantiert nicht faul.
Da, die Tomaten in den Kästen,
gehören zu den Reisefesten.
Sie reisten um die halbe Welt,
bevor sie ins Regal gestellt.

1. Käufer (fragend):
Ist denn bei uns hier nichts gewachsen?
Wie wär's mit Birnen mal aus Sachsen?

3. Werber (aufklärend):
Na guter Mann, der Arbeitslohn?
Der macht doch jeden Preis zum Hohn.
Erst wenn woanders wird gepflückt,
wird hier der Preis herabgedrückt.
Genügsam ist man anderswo.
Hier machen nur noch Schnäppchen froh.

1. Käufer (verzweifelt):

Man traut sich gar nichts mehr zu kaufen
und kann sich nur die Haare raufen.

2. Käufer (nachdenklich):

Bei dieser Jagd wurd' aufgedeckt,
dass in den Preisen nicht mehr steckt,
die Dankbarkeit für den, der gibt,
weil alles nur noch Schnäppchen liebt.
So bleibt egal, was produziert,
weil alles sich im Preis verliert.

1. Käufer (seufzt):

Wenn wir den Preis als letztes preisen.
dann wird der Zug der Zeit entgleisen.
Was wird gebraucht und was begehrt?
Was ist der Preis und was der Wert?

2. Szene: Werte

Wechsel von Strophen nach LIED:
„Über den Wolken" (Reinhard Mey) und Sprechtexten

Alles wird hier zwar verkauft,
doch was soll man wirklich wählen.
Um den Preis wird stets gerauft
und die Werbetexter quälen.

Nirgends gibt es die Antwort:
Nein, ich will nicht! Ich sag': Danke!
Ja, das Leben kauft sich fort
bis zur letzten Kassenschranke.

Über den Wolken muss das Leben doch
einkaufsfrei sein.
Alle Preise, alle Schnäppchen, wünscht man,
springen dich hier nicht mehr dann an.
Und was unbezahlbar erscheint,
wird dann nicht mehr beweint.

1. Käufer (nachdenklich):

Der Wagen leer,
weil nichts mehr fair.
Und trotzdem läuft man hinterher.
Was ist der Wert
und was der Preis?

Dies Spiel –
es läuft sich bald schon heiß.

1. Werber: Begehren, ja begehren,
den Reichtum kräftig mehren.
Dies Lied, das ist der große Hit
und hält sogar die Trägen fit.
Den Knecht der coolsten Sachen,
wird man zum Boss uns machen.
Und's hübsche Dirndlmadl,
tanzt uns durch's Einkaufsstadl.
Wir kaufen uns die heile Welt,
was machts, wenn sie in Scherben fällt.

2. Käufer: Zum Kaufen, sich Verkaufen,
mit Dingen sich besaufen –
So füllst du auf die Leere,
verlierst die letzte Ehre.
Und bist konsumbesoffen,
für jeden Müll dann offen.
Zuerst willst du's in Euphorie,
dann landet's auf der Deponie.
Besorgen und entsorgen!
Ist das der Weg ins Morgen?
Wir können uns nicht kaufen,
wir haben uns verlaufen.

2. Werber: Wir preisen keine Werte.
Wir tun das Umgekehrte
und geben Werten einen Preis,
verkaufen dann mit größtem Fleiß,
Gerechtigkeit und Würde,
und kennen keine Hürde.
Das gold'ne Kalb ist Kuh geworden,
bekommt den höchsten Landesorden.
Wir halten fest an seinem Schwanz,
und weiter geht's zum letzten Tanz!

LIED *nach: Über den Wolken*

Wohin soll'n wir jetzt geh 'n,
wenn die goldnen Kühe tanzen.
Welche Wahrheit kann besteh'n
und wie finden wir zum Ganzen.

Jener Reichtum, der nie reicht,
wird die ganze Welt verheeren,
und die Angst, die uns beschleicht,
dass wir leere Dinge ehren.

Über den Wolken muss das Leben doch
einkaufsfrei sein.
Alle Preise, alle Schnäppchen wünscht man,
springen dich dann nicht mehr hier an.
Und was unbezahlbar erscheint,
wird dann nicht mehr beweint.

1. Käufer: Was suchen und was finden?
Woran kannst du dich binden?
Ich such' für meine Seele
den Ort, an dem ich fehle.
Ich weiß, ich bin hier nicht zu Haus',
Will nur noch raus. Ich will hier raus!
Es wird im großen Einkaufsmarkt,
nicht nach der Wahrheit mehr gefragt.

2. Käufer: Den eig'nen Weg zu suchen
hinter dem großen Kuchen,
sind Schritte, die es wagen
nach einem Sinn zu fragen.
Von Herzen sich zu sehnen,
die Seele weit zu dehnen
und spür'n*:* Das ist das Leben!
Das muss es doch noch geben?
Ich schieb ihn nicht mehr, diesen Wagen.
Ich kann mich selber kaum ertragen.
Ich folge nicht mehr deinem Lauf.

Stößt Wagen weg.

Nehm' nicht mehr teil am Ausverkauf.

LIED *nach: „Über den Wolken“*

Was uns trägt und was hält,
ist von Gott uns doch gegeben.
Wenn die Welt ins Koma fällt,
könn'n wir auch nicht weiterleben.

Nein, das Leben ist kein Kauf,
wer das denkt, der ist verloren.
Seine Seele bäumt sich auf,
und es dröhnen ihm die Ohren.

Nein, unsre Sehnsucht
kann doch nicht nur ein Einkaufszwang sein,
alle Träume, alle Wünsche sind dann
etwas für den Werbefachmann.

Doch was uns so brauchbar erscheint,
hat uns gar nicht gemeint.
Macht das Leben wirklich aus,
was wir für den Schein ausgeben?

Ist das Herz nicht da zu Haus,
wo die Sinne wieder leben?
Sieh' in Ehrfurcht einen Baum,
halte nicht zurück dein Staunen
und manch' ausverkaufter Traum
lässt es wieder in dir raunen.

Hier auf die Erde
fällt vom Himmel ein göttlicher Schein.
Alle Sehnsucht, alle Liebe lädt ein
sich aus diesem Zwang zu befrei'n.
Bis du dann von Gott wach geküsst
und weißt warum du bist.

20 Tischszene im Hause Luther

Altersgruppe: 14-jährige Hauptkonfirmanden
Biblischer Bezug: Sprüche
Kirchenjahr: Reformationssonntag
Themen: Gleichberechtigung/Rollentausch

Frau Luther deckt mit viel Hingabe den Tisch und setzt sich schließlich.

Frau L.: Nun komm' er doch! Sonst muss er kalte Suppe essen. Wozu die Mühe in der Küche, wenn er das Buch nicht gegen einen Löffel tauschen kann.

Herr L.: Gemach, gemach! Noch hält der Wissensdurst mich fest.

Frau L.: Oh, wie ich diese Szene immer wieder hasse! Ich kauf', ich koch', ich decke auf und er kommt einfach nicht!

Herr L.: Es wird wohl allerhöchste Zeit, dass ich mich an den Tisch begebe. Denn auf der Suche nach dem gnäd'gen Gott, will ich dem Weib nicht aus der Gnade fallen.

Frau L.: Da kommt er ja, der nur die Seele und den Leib nicht nähren will.

Herr L.: Seid gnädig liebes Weib, auf dass wir hier auf Erden schon ein Stück des Himmelfriedens schmecken.

Frau L.: Nun mach, dass du die Suppe schmeckst.

Herr L.: Vorerst will ich, mit dem Gebet zur Ruhe kommen: Gott las es in uns schweigen. Nimm von uns alles müßig Sorgen, auf dass das Wort des Herrn durch Matthäus uns zu Herzen gehe: Sorgt nicht um euer Leben, was ihr essen und trinken werdet, weil Leben mehr als Nahrung ist. Amen

Frau L.: *(sichtlich missmutig Suppe schlürfend und nach einer Weile).*
Das Sorgen überlässt du besser mir, damit der Herr das himmlisch' Wort erfülle und seine Frau das Irdische brav tut.

Herr L.: Ich wollte helfen zur Gelassenheit.

Frau L: Ich möchte dich seh'n, wenn ich dich eine Woche von den Büchern leben lasse. Schnell ist das Bäuchlein, was du durch meine Sorge hast, ganz aufgezehrt. Dann wird der Hunger deinen Kopf regieren, und meine Suppe käme der Erlösung gleich.

Herr L.: Verzeih, dass ich dich noch im Zorn belehre. Doch es steht da, dass Leben *mehr* als essen und auch trinken ist.

Frau L.: Wie willst du dies all denen sagen, die keine Suppe auf den Tisch bekommen. Die hungrig auf ihr Lager geh'n, die sich nach Essen und nach Trinken sehnen. Es wird ein kluger Mann in ein paar hundert Jahren sagen: Der Mensch ist, was er isst! Und sicher hat er damit Recht.

Herr L.: Ach Käte, liebes aufgebrachtes Weib. Nun denkst du schon Jahrhunderte voraus. Meinst du die Zukunft wär' gemacht aus klugen Worten mancher Literaten. Aus großen Reden kleiner Fürsten. Wenn das so wär', dann fehlte mir selbst die Gelassenheit.

Frau L.: Gelassenheit ist gut, doch nur da, wo sie angebracht. Wie schnell ist der Gelassene auch schläfrig und lässt es gehen, anstatt dass er auch selber geht.

Herr L.: Dann lass uns nicht nur von der Freiheit eines Christenmenschen reden. Ich schlage vor, dass ich mich um die Küche sorge und du sorgst dich um einen gnädigen Gott.

Frau L.: Du meinst ich in die Bibliothek, und du willst wirklich das Regiment in meiner Küche übernehmen?

Herr L.: Magst du dich um das Wohl der Seele kümmern. Ich kümmre mich um alles Wohl für unsern Leib.

Luther räumt den Tisch ab, Frau will helfen.

Luther wehrt ab:
Geh' du dich um die Seele kümmern.

Nach kurzer Pause mit Musikstück in veränderten Rollen

Herr L.: Nun komm sie doch! Sonst muss sie kalte Suppe essen. Sie spielt die meine Rolle gar nicht schlecht.

Frau L.: Nun mag er nur ein wenig spüren, wie's ist, wenn man das Werk des anderen warten lässt.

Herr L.: Oh, wie sie duftet. Wie der Löffel tanzt in meiner Hand. Es wird doch Zeit, dass sie erscheint. *(Rufend):* Nun lass die Bücher und komm' Essen!

Frau L.: Es wird wohl Zeit, sonst fängt er an zu fluchen. Als Nahrung für die Seel' werd' ich das Lob der Hausfrau meinem Herrn servieren.

Herr L.: Da kommt sie endlich. Ich kann es kaum erwarten, dass du dein Urteil gibst.

Frau L.: Wozu?

Herr L.: Zu ihr?

Frau L.: Ich weiß all' dein Erwarten nicht zu deuten. Meinst du die Gnade Gottes. Meinst du womöglich die Barmherzigkeit?

Herr L.: Die Suppe meine ich! Gelehrte Frau und Meisterin.

Frau L.: Gemach, gemach, wir wollen erst der Seele Nahrung geben.
Nun höre, Mann, das Wort des klugen Salomo:
Wem ein tüchtiger Mann beschert ist, der ist viel edler als köstliche Perlen. Seiner Frau Herz darf sich auf ihn verlassen, und Nahrung wird ihr nicht mangeln. Er tut ihr Liebes und kein Leid sein Leben lang. Er geht mit Wolle und Flachs um und arbeitet gern mit seinen Händen. Er ist wie ein Kaufmannsschiff, seinen Unterhalt bringt er von ferne. Er steht vor Tage auf und gibt Speise seinem Hause und dem Gesinde, was ihm zukommt …

Herr L.: Genug, genug. Ich kenn' die Worte Salomos genau. Er spricht von einem Weib.

Frau L.: Na und? Ist denn nicht wichtig, was sie tut.

Herr L.: Aus Werken werden wir doch nicht gerecht, auch wenn wir sie zuweilen für sehr wichtig halten.

Frau L.: Ich weiß, dass diese Sicht dir heilig ist. Doch manchem Faulpelz ist's sie's sicher auch.

Herr L.: All was wir tun und was wir lassen können, gibt, wenn wir glauben, Gott in unser Herz.

Frau L.: Ein kluger Satz und noch dazu: Er kann nicht in der Bibliothek, er muss in meiner Küche vorbereitet sein.

Herr L.: Und was ist mit der Suppe?

Frau L.: Lass mich es brav ausdrücken: Sie schmeckt mir weniger als deine klugen Worte.

Herr L: Nun dann, lass mich zum Schluss noch einmal unsern klugen Salomo zitieren:
Es sind wohl viele tüchtige Frauen, du aber übertriffst sie alle. Lieblich und schön sein ist nichts, ein Weib, das den Herrn fürchtet, soll man loben.

Frau L.: Und einen Ehemann natürlich auch.

21 Epiphanias

Altersgruppe: Kinder und Erwachsene
Biblischer Bezug: Mt 2,1–12
Kirchenjahr: Epiphanias
Themen: Zweifel/Hoffnung

Mitspieler:
Erzähler (*Zweifler*), 3 Weise, 4 Bürger von Jerusalem, 2 Schriftgelehrte, Maria und Josef

1. Szene: Das Suchen

3 Personen in fremden Kostümen irren über die Bühne. Sprechen Vorübereilende an. Erzähler weist auf sie und erklärt:

Erz: Seht doch, was die da für Unruhe stiften.
Sie werden hier alle Gewohnheit vergiften.

Sterndeuter können nicht deuten den Stern!
Na so 'was hat man besonders gern!
Schau'n in den Himmel, seh'n in die glänzende Nacht
und sind um den Verstand gebracht.

Seh'n es in Gottes Weite funkeln
und tappen schließlich auf Erden im Dunkeln.
Was soll sich denn Göttliches spiegeln auf diesem Flecken?
Großes geschieht längst an anderen Ecken.

Hier in Jerusalem funkelt kein Himmel mehr.
Hier geht alles fein irdisch daher.
Erstaunlich, was manchmal Wissen schafft,
wenn man zu lang in die Ferne gafft.

Alles Streben, nach Größe und Weite
führt doch am Ende stets in die Pleite.

Die Weisen sprechen über die Bühne eilende Bürger Jerusalems an. Die geben nur kurz einen Kommentar ab und verschwinden wieder.

1. Weiser: Im Geist dieses Landes liegt begraben,
eine Legende, die wir nicht zu eigen haben.
Doch nur das Wort und das Sternenzeichen
werden hinab auf die Erde reichen?

1. Bürger: Es reicht dieser Erde der ewige Hohn
mit Leugnern und Lügnern auf dem Thron.
Dies Volk bleibt ein Volk der Knechte
Der Traum vom König – ein Traum nur für die Nächte.

2. Weiser: Und doch ist der Stern nicht im Traum erschienen,
so wahr wir der Wahrheit und Wissenschaft dienen.
Ein König soll hier geboren werden,
erst König des Landes, dann König auf Erden.

2. Bürger: Was hier regiert sind Stiefel und Waffen,
sind Schweigen und tägliches Brotbeschaffen.
Was soll ein Herodes für alle Welt?
Dass man noch tiefer auf Knie fällt?

3. Weiser: Nein, ein König, der euch aus dem Staub erhebt,
der nicht über, sondern unter euch lebt.
Der König, von dem ist weisgesagt,
dass es mit ihm nach der Finsternis tagt.

3. Bürger: Ihr meint, dass jetzt ist die Zeit erfüllt,
in der sich Gott aus dem Dunkel hüllt.
Und uns erscheint als Menschenkind,
damit wir erfahren: Wer wir sind?

4. Weiser: Ja, es liegt ein großes Ahnen über'm Land,
alles scheint zum Zerreißen gespannt.
Ein Wunder kommt, was man noch nicht sieht,
und ist doch sicher, dass es geschieht.

4. Bürger: Ihr redet nicht, wie Weise aus dem Morgenland.
sondern wie wilde Propheten, die längst verbannt.
Was weisgesagt aus verlorenen Zeiten,
scheint euch auf diesem Wege zu leiten.

Die bereits Vorbeigeeilten kehren zurück und sammeln sich um die Weisen.

Tumult entsteht. Einer der Bürger zeigt in bestimmte Richtung. Einer schleicht sich in entgegensetzte davon. Dieser steht in der nächsten Szene neben dem Thron des Herodes und ist der Schmeichler.

2. Szene: Das Verdunkeln

Erz: Na, da haben wir ja ein schönes Erahnen.
Wie kann man nur mit den Sternen planen?
Ich glaube hier ist es längst zu spät,
für die genügsame Realität.
Neuer König und Kindermacht,
das hat doch nie etwas gebracht.
Am Ende war alles Wenden und Wehren
immer wieder das gleiche Begehren.
Des Menschen Wille und des Menschen Macht
entscheiden immer die letzte Schlacht.

Herodes: Und sie haben wirklich nach dem neuen!
König gefragt?
Was rumort hier, von dem mir keiner was sagt?
Hab' Berater und Spitzel, die alle kassieren.
So was darf einfach nicht passieren!
Lasst kommen die Oberen zum Rapport.
Ein neuer König an meinem Ort!?

Anführer der Berater u. Schriftgelehrten:
Du ließest uns in heikler Sache holen?
Wir kommen ganz dicht auf leisen Sohlen.

Herodes: Glaubt nicht, ich werde mich euch offenbaren.
Ich möchte von euch nur eines erfahren.
Lest nach und spitzt eure Ohren:
Wo wird der neue König geboren?

Schmeichler:
Was redet ihr von 'nem König, der neu?
Ich mich an eurer Herrschaft so freu'!

Herodes: Ach, schweigt mit diesem Geschwafel, dem feigen.
Ihr sollt mir die wörtliche Botschaft zeigen.

Schriftgelehrter:
Von Bethlehem der kleinen Stadt,
uns Micha dies überliefert hat. (Micha 5,1)

Herodes mehr zu sich:
Geh' ich, zu seh'n, ob dieses Kind geboren,
dann ist ein Plan sehr schnell verloren.
Der alte König macht sich auf zum Neuen!
Das kann nur meine Widersacher freuen.

Näher herantretend Schmeichler:
Auch könntest du dein Mistrau'n überwinden.
Ich würde da schon eine Lösung finden.
Man schmiegt sich gern ans Herrscherhaus,
es zahlt sich ja auch immer aus.

Herodes: Wie kann ich mich an Leute binden,
die mich in einer Schwäche finden.
Die Weisen aus dem Morgenland mir bringt,
damit mein Stern nicht noch tiefer sinkt.

Die Weisen werden geholt.

Herodes: Willkommen Ihr Männer von Stand und Verstand,
Willkommen im jüdischen Vaterland.
Gestattet, dass wir uns allein unterhalten.

Zu den anderen:
Geht! Ihr könnt eurer Dinge jetzt walten!

Schriftgelehrte und Schmeichler ziehen ab.

1. Weiser: Wir sind geehrt durch euer Begehren.
Wie können wir eure Freude vermehren?

Herodes: Freude ist wohl das rechte Wort.
Ihr seid unterwegs, von Zuhause fort?
Was ließ euch gehen auf Reisen?
Sonst doch eher verkrochen, die Weisen.

2. Weiser: Nun, wenn die Entdeckung dich selber ergreift,
dann nicht nur die Erkenntnis reift,
dann hält es dich nicht im Gelehrtenzimmer,
dann trifft dich ein Schein vom göttlichen Schimmer.
Du kehrst zurück vom einsamen Steg
und suchst mit der Botschaft zu allen den Weg

Herodes: Nun sagt, was hat euch so angerührt
dass es euch nach Jerusalem führt?

3. Weiser: Ein Stern ist wie ein Auge aufgegangen,
und nahm uns ganz und gar gefangen.
Es war wie aus der Ewigkeit ein Blick,
auf dieses ganze Weltgeschick.
Und als wir suchten für dies Wunder den Grund,
da machten wir in euren Schriften diesen Fund:
Auf einen Wunderkönig wartet dieses Land,
der es wie Gott nimmt an seine Hand.
Und dann er wird gebor'n in diese Welt,
wenn eines Sternes Licht neu auf die Erde fällt.

Herodes: Warum erscheint der Stern erst jetzt,
ich bin schon lang in die Welt gesetzt?
Mit diesem Scherz will ich nur fragen:
Könnt Ihr mir auch die Sternenstunde sagen?

1. Weiser: Es ist gescheh'n vor ein paar Tagen,
und was hier die Legenden sagen,
soll Bethlehem, die kleine Stadt,
es sein, die diese Ehre hat.

Herodes: Ich sehe euch gut unterrichtet.
Auch in mir hat sich nun verdichtet,
dass hier der Himmel setzt ein Zeichen,
doch kann ich hier noch nicht entweichen.
So geht erst ihr, zu forschen nach dem Kind,
damit wir alle auch sicher sind.

Und wenn ihr es dann habt gefunden,
dann kommt zu mir in den Abendstunden,
dass ich auch gehe es zu ehren,
um seine Herrlichkeit zu vermehren.

3. Szene: Das Erscheinen

Erz: Hier scheint's jetzt ganz himmlisch und irdisch zu laufen.
Herodes wird sich entsetzt im Palast die Haare raufen,
und die Weisen ziehen auf irdischer Sternenbahn:
Der alte Kampf von Bewahrungs- und Neuerungswahn!
Als Erzähler sieht man die Sache halt schlicht,
man steckt ja, gottlob, in der Geschichte nicht.

1. Weiser: Warum seh'n ich mich so nach diesem Ziel?
Warum treibt mich hier nur ein Gefühl?
Ich schein' ganz daneben doch mittendrin,
als ob ich gleich weiß, wer ich endlich bin.

2. Weiser: Es scheint ein Weg, der Himmel und Erde verbindet,
den man nur mit offenem Herzen findet,
in das dann das Licht dieses Sternes scheint
und dich als Teil mit dem Ganzen vereint.

3. Weiser: Ein Stern, der den Himmel auf Erden zeigt?
Man ist doch zu manchen Zweifeln geneigt.
Ist man vielleicht von allen Sinnen verlassen,
als Weiser zu streifen durch Bethlehems Gassen?

1. Weiser: Seht doch den Stern hier besonders strahlen,
als wollt er ein Zeichen auf Erden malen.

2. Weiser: Hier dieser Ort fast am letzten Rand
scheint berührt, wie von Gottes Hand.

3. Weiser: Sehn wir, ob Wort und Licht sich hier finden,
uns aus dem letzten Zweifel zu binden.

Treten durch eine Tür und sehen Josef und Maria mit dem Kind.

Josef: Gott mit euch in dieser Sternennacht.
Wer hat euch an diesen Ort gebracht?
Ihr kommt in dieses Haus nicht vergebens.
Seht da, der Beginn eines Lebens!
Ein Engel gab mir im Traum Befehl:

„Nenn dieses Kind: Immanuel."
„Gott mit uns", ein hoffender Name,
und zugleich ein Spross aus Davids Same.

Maria: Ein Kind, das in unseren Armen liegt,
und unser Ich so kampflos besiegt.
Es ist als wär' man von Gott berührt,
weil man etwas unendlich Großes spürt.
Mit solch kleinen winzigen Wesen
könnte die ganze Welt genesen.

Die Weisen fallen auf die Knie und sagen andächtig:

1. Weiser: Wo alle Welt zum bösen Ende hetzt,
Gott still einen guten Anfang setzt.

2. Weiser: Im winzig Kleinen ist das Große uns geschenkt,
damit sich unser Blick vom Himmel auf die Erde senkt.

3. Weise: Damit am Ende wir nicht im Staub versinken,
sah'n wir den Stern aus Unendlichem winken.

1. Weiser: Ich bring' ihm das Gold, was aus Sternen blinkt,
das bis an die menschlichen Herzen dringt.
Von dort dann aus den Augen es andre erhellt
und niemanden in den Schatten stellt.

2. Weiser: Ich bring' ihm den Weihrauch, der tief atmen lässt,
der dir offenbart das Leben als Fest.
der sich verströmt ohne Rauch voller Duft,
der dich erhebt ganz leicht so wie Luft.

3. Weiser: Ich bring' ihm die Myrrhe, zum Salben und Lindern
und weiß doch, es wird seine Schmerzen kaum lindern.
Die Schmerzen der Macht und der Ohnmacht zugleich
auf dem Wege von diesem in Gottes Reich.

Die Weisen erheben sich.

1. Weiser: Am Anfang und Ziel des Weges wir sind,
bewegt und verzaubert von einem Kind.
Sind angekommen, um aufzubrechen,
hörten Gott aus dem All hin zum Herzen sprechen.

2. Weiser: Nun kehren wir heim und haben erfahren:
das Leben verliert sich nicht mit den Jahren,
sondern findet Erfüllung durch Wunder und Zeichen,
die vom Himmel herab auf die Erde reichen.

3. Weiser: Nun sollten wir Herodes verkünden,
Erleuchtung ist bei dem Kinde zu finden.
Von hier beginnend in alle Welt,
das Licht auf die verlorenen Seelen fällt.

Erz.: Stopp! denn auch ich hab' nun meinen Sinn gefunden.
Ich, der immer mit böser Ahnung gebunden,
sehe Herodes im Bösen planen und funkeln,
sehe die irdische Macht dort im Dunkeln,
die doch selbst sein will wie ein großes Licht
und erträgt etwas Größeres nicht.
Umgeht Herodes, den die Angst regiert,
und der sich mit mancher Bluttat ziert.
Geht einen geraden Weg in den Morgen.
Gott wird für die Wahrheit schon sorgen.

Die Weisen danken und gehen ab.

Erz. (nachdenklich):
Erstaunlich, was manchmal Wissen schafft,
wenn es nicht jenseits der göttlichen Kraft.
Alles Streben nach Größe und Weite
führt am Ende zum Wort auf der anderen Seite.

22 Die große Schätzung 2007

Altersgruppe: 6 bis 12 Jahre
Biblischer Bezug: Lk 2
Kirchenjahr/Gottesdienst: Christvesper
Themen: Was ist man wert?

Mitspieler:
3 Engel, Augustus, Narr, Maria, Josef; Wirt; 3 Hirten

1. Szene

Zwei Engel stehen auf der Kanzel und sehen in den Altarraum. Hier herrscht geschäftiges Treiben. Alle Figuren bis auf Maria und Josef laufen aufgeregt um ein Podest. Jeder versucht oben zu stehen. Es wird geschubst und weggezogen.

Engel A: Sieh mal, was da unten wieder los ist.
Diese Erdlinge kommen mal wieder einfach nicht zur Ruhe.

Engel B: Na ja, sie nehmen das Leben halt ziemlich schwer, deshalb können sie ja auch nicht fliegen wie wir.

Engel A: Das fehlte noch, dass sie hier oben ihre Unruhe verbreiten.
Aber was haben sie denn eigentlich jetzt schon wieder?

Engel B: Irgend so ein August, der dazu noch Kaiser ist, will alle Leute schätzen lassen.

Engel A: Wie nach Gewicht, nach Größe, Schönheit, Alter oder was?
Was soll denn dabei raus kommen?
Einer mit 100 Kilo ist mehr wert als einer mit 50.
Oder 20 Jahre sind besser als 80 Jahre?
Sind Stupsnasen schöner als Hakennasen?

Engel B: So richtig verstehe ich das auch nicht.
Am besten wir sind still und lauschen ein bisschen.

2. Szene

Inzwischen hat sich Augustus auf dem Podest breit gemacht.

Augustus: Ihr wollt alle immer nur mehr und mehr und mehr?
Ihr denkt, ihr seid es wert.
Erst will der Bäcker mehr und das Brot wird teurer.
Und wenn der Bäcker mehr bekommt,
sagt der Schuster ich bin auch mehr wert,
also macht er die Schuhe teurer.
Dann schreien der Bauer, der Schmied, der Müller, der Gärtner:
„Sind wir es etwa nicht wert?"
Schließlich wollen alle mehr, weil sie sich für mehr wert halten.
Und wo bleibe ich? Was soll ich teurer machen?
Ich! Euer armer König!

Narr: Überlege doch mal. Alle halten sich für mehr wert!
Und was alle denken, muss man sich als König zu Nutze machen.

Augustus: Den einzigen Nutzen, den man als König hat,
ist, dass man Steuern erheben kann.

Narr: Na ja, dämmert's nicht? Steuern … und alle wollen mehr???

Augustus langsam überlegend:
Du meinst eine MEHRSTEUER würde mir auch mehr bringen?

Narr: Mehrsteuer klingt noch irgendwie komisch.
Alle nehmen doch nur deshalb mehr, weil sie denken,
sie seien mehr wert als die anderen.
Also, wenn du richtig reich werden willst,
musst du sie MEHRWERTSTEUER nennen.

Augustus stößt Narr weg und hebt zur Rede an:
Geschätztes Volk! Ihr seid mir alle,
Einer mehr wert als der Andere.
Zu unser aller Wohl erhebe ich
hiermit die Mehrwertsteuer.
Geht und lasset euch in eurem Heimatort schätzen.

3. Szene

Engel A: Na ja, dasselbe wie immer. Einer dünkt sich mehr wert als der andere,
und damit versuchen sie mehr Geld zu verdienen.

Engel B: Seit Tausenden von Jahren ist das nun schon so. Wenn ich kein Engel wäre, könnte ich mich über dieses alberne Spiel köstlich amüsieren.

Nach kurzer Pause:

Engel A: Ich habe da was von ganz Oben läuten hören …

Engel B: Was denn?

Engel A: Also, ich weiß nicht, ob ich richtig verstanden habe: Du weißt ja, manchmal spricht der ehrwürdige Vater ja schon mit sich selbst, weil ihn keiner mehr zu verstehen scheint.

Engel B: Nun sag schon: Was?

Engel A: Er hat gebrummelt: Es reicht. Jetzt nehm' ich die Sache selber in die Hand.

Engel B: Er selber?

Engel A: Ja. Er selber!

Engel B: Na, da bin ich selbst als Engel gespannt.

Engel A: Sieh mal da, die beiden.
Auch die scheinen ein Wunder zu erwarten.

Engel B: Ein menschliches Wunder? Daran glaubst du?

4. Szene

Maria vor einem sitzenden und traurigen Josef.

Maria: Ach Josef, immer seh' ich dein trauriges Wachen.
Ich wünschte, du könntest wieder mal lachen.
Ein Kind ist auf dem Weg in unsere Tage,
und du bist gebeugt von ewiger Plage.

Josef: Ach ihr Frauen, mit euren Sorgen um Herd und Haus,
die große Lage sieht tagtäglich schlimmer aus.

	Ein Mann ist zum Heldentum geboren, sonst bleibt die ganze Welt verloren.
Maria:	Du kannst doch nicht nur die Welt verfluchen. Komm, lass uns verlorene Tage suchen!
Josef:	Mit unserm Kind in die Kindheit heimkehren? Und all die alten Träume begehren?
Maria:	Sag, wohin soll unser Kind denn zieh'n, wenn wir schon vor unseren Träumen flieh'n?
Josef:	In Bethlehem bin ich Kind und glücklich gewesen. Vielleicht kann dort meine Hoffnung genesen?
Maria:	Na siehst du, mein starker und großer Held. Die Stimmung scheint ja jetzt aufgehellt.
Josef:	Ich plane die Reise, und du packst die Sachen. Du weißt ja, wie wir es immer machen.

5. Szene

Wieder vor der Kanzel.

Engel A:	Warum laufen sie nach Bethlehem?
Engel B:	Es ist doch die alte Davidsstadt.
Engel A:	Und Josef kommt aus diesem Haus.
Engel B:	Das sieht ganz nach einer göttlichen Fügung aus.

6. Szene

Maria und Josef stehen vor einer Wirtin.

Wirt:	Wie kann man nur so weltfremd sein! Wenn der Rubel nicht rollt, kommt ihr hier nicht rein.
Josef:	Habt Erbarmen! Erbarmen! Mit meiner Frau und dem Kind, dem armen!
Wirt:	Mit leeren Taschen ein Kind erwarten und mit Hoffnung statt Geld in die Zukunft starten?
Maria:	Die Hoffnung, das Leben, man kann es nicht kaufen, von Reichtum wir niemals ein Herz überlaufen.

Wirt: So redet immer die Unterschicht.
Doch Barmherzigkeit gibt es nicht.
Dieser uralte Wert
wird nur von den Leuten am Rand begehrt.

Josef: Hat denn alles nur noch eine Sicht?
Ist der Glanz des Goldes das letzte Licht?

Wirt: Kein Geld und die große Lippe riskieren?
Mit solchen Leuten kann man halt nicht diskutieren.

Dreht sich weg und geht. Narr tritt wieder auf.

Narr: Mit Hoffnung statt Geld in die Zukunft starten,
was soll man solchen Träumern nur raten.
ABER HALT:
Wenn alles nur an sich selber denkt,
niemals hier etwas Neues anfängt.
Und ein Narr ist, wer alles verdreht
damit die Welt ihre Dummheit versteht.
Geht dort hinüber zum windschiefen Stall.
Vielleicht kommt das große Rechnen zu Fall.

Maria und Josef gehen zur Krippe.
Narr schleicht sich auf die Kanzel.

7. Szene

Engel B: Sieh, da der Stern über dem windschiefen Stall.

Engel A: Es erscheint hier etwas ganz Großes im Kleinen.

Engel B: Du meinst: ER SELBER, dort am Rande der Welt?

Narr hat sich auf die Kanzel geschlichen:
Na, ihr zwei! Ist die Aussicht gut?

Engel A: Nein, sag', wie ist dieser Erdling frech!!!

Engel B: Wie bist du in unsere Höhen geraten?

Narr: Ein Narr ist gar nicht so erdenschwer.
Und weil er sich selbst nicht für höher hält,
da steigt er zuweilen hinauf in eure Welt.

Engel A: Wie können sich Narren mit Engeln verbünden?

Engel B: Das musst du uns schon näher begründen.

Narr: Ich weiß, was die Erdlinge so beschwert,
und was sich gegen das Gute wehrt.

Engel A: Na, da bin ich mal gespannt.

Engel B: Ob, ein Narr die Wahrheit erkannt.

Narr: Es ist die Furcht, die zu Boden drückt.
Die Furcht, dass das Leben einfach nicht glückt.
Die Furcht, dass die Zeit durch die Finger rinnt,
bevor das richtige Leben beginnt.

Engel A: Nur Furcht macht die Menschen erdenschwer?

Engel B: Naja, ängstlich sind Sie ja sehr!

Narr: Seht da! Die Letzten dort hinter den Hürden.
Sie sind fast am Boden mit ihren Bürden.
Helft ihnen ihre Furcht übersteh'n,
und sie werden aufrecht durchs Leben geh'n.

(zeigt auf zwei Hirten unten)

Engel A: Nun, wir als Engel der höheren Jakobsleiter
reichen die Botschaft nach unten weiter.

Engel B: Es sind auch Engel auf Erden geschaffen,
die müssen jetzt ihre Flügel raffen.

Engel lassen die Botschaft an einem Seil nach unten zu einem irdischen Engel, der in der Nähe der Hirten steht.

8. Szene

Hirten sitzen verängstig und zusammengekauert zusammen.

1. Hirt: Die Nacht ist für mich besonders schlimm.
Dann wird mir in der Finsternis doppelt klar,
dass ich keine Aussicht habe.
Alles bleibt im Dunkeln.

2. Hirt: Und mir ist kalt, ich friere.

3. Hirt: Und ich habe Angst, man könnte mich übersehen.

1. Hirt: Nur ein Zeichen, dass alles Mal ein gutes Ende nimmt!
Das würde mir schon genügen, um selbst im Dunkeln
loszugehen.

2. Hirt: Ein wenig Arbeit und Anerkennung wären gut.

3. Hirt: Wenn ich doch nur jemandem wichtig wäre?
Aber alle sind sich nur selber wichtig.

1. Hirt: Ich fürchte mich, dass nichts mehr passiert.

2. Hirt: Ich fürchte mich, dass etwas passiert.

3. Hirt: Ich weiß überhaupt nicht, was ich machen soll.

Engel C: Wer bleiben will und zugleich fort,
den fesselt die Angst an seinen Ort.
Wer immer vor dem Wagnis flieht,
merkt schnell, dass nichts Neues geschieht.

1. Hirt: Die Botschaft hör' ich wohl, doch woran glauben.

2. Hirt: Mit warmen Worten ist noch nichts getan.

3. Hirt: Und außerdem im Dunkeln ist gut munkeln.

Engel C: Ich kann es gut versteh'n.
Ihr wollt die Hoffnung sehn.
Fürchtet euch nicht,
denn ich will euch Freude verkünden.
Seht über dem Stall das Licht.
Dort findet ihr Wärme und weite Sicht.
An der Krippe könnt ihr euren Blick aufheben.
Ein Kind kommt und wird euch Erlösung geben,

Alle Engel oben und unten:
Ehre sei Gott in der Höhe und Frieden auf Erden
und den Menschen ein Wohlgefallen.

1. Hirt: Ich fürchte mich zwar noch.
aber diesmal fürchte ich, die Chance meines Lebens zu verpassen.

2. Hirt: Endlich habe ich wieder eine Aussicht.

3. Hirt: Es ist Zeit loszugehen. Ich bin ganz neugierig.

Alle versammeln sich um die Krippe. Engel schauen wieder hinab. Einen Augenblick ist Stille.

Engel A: Du sieh' mal. Jetzt ist da unten lauter Frieden und Ruhe.

Engel B: Weißt du, ich hab', da so einen unheimlichen Verdacht.

Engel A: Du meinst, das Kind in der Krippe?

Engel B: Genau, aber dass ER sich so weit herablässt. ER, der Allmächtige?

Engel A: Er hat uns ja bisher immer wieder überrascht.

Engel B: Ich weiß nicht, ob ER sich diesmal nicht zu weit herabgelassen hat.

Engel A: Gott als Kind bei den Menschen, ob das ein gutes Ende nimmt?

Narr tritt vor die Krippenszene:

Ein Narr mit ganz verrückter Sicht
setzt manchmal in die Finsternis ein Licht.
Die Furcht ist Kälte und Dunkel zugleich.
Sie lässt nicht wachsen in Gottes Reich.
Die Angst, ich werde nicht geschätzt,
hat viele Seelen schon verletzt.
Dann siehst du sie im schnellen Laufen
sich irgendwo einen Sinn zu kaufen,
Doch wie Gott jeden Menschen schätzt,
zeigt er als Kind uns hier und jetzt.
Er setzt sich unsrer Liebe aus
und führt die Seelen so nach Haus.
Die Furcht sich selber zu begründen,
lässt er am Ende in Liebe münden.
So geht jetzt heim zu ihm ein Stück
und findet diesen Sinn zurück.

II. Psalmen

Wohl dem, der früh lernt aus dem Reichtum seiner Sprache zu schöpfen, denn er ist wie ein Baum, gepflanzt an den Wasserbächen. Doch auch der Bach unserer Sprache braucht Pflege, um lebendig zu sprudeln. Die Gefahr seines Austrocknens ist immer gegeben. Nämlich dann, wenn nur noch dürre und verbrauchte Worte untereinander getauscht werden. Sprache braucht auch immer Fantasie, um Eindrücke auszudrücken. Wenn jedoch etwas nur cool, super oder auch nur geil sein kann, dann sind die Worte zu leer, um eine große Emotion zu schildern. Einzig an der Art der Aussprache dieser Worte kann man noch hören, dass sie dem, der da spricht, kaum genügen. Die innere Bewegung findet ohne Beispiel und ohne Schule schwer einen Weg sich nach Außen mitzuteilen. Erst da kommt unsere Sprache in Bewegung, wo wir lernen das Innere zu äußern. Genau dies aber geschieht sehr eindrücklich in den Psalmen. Wer aus dem Bach der Psalmen trinkt, dessen Sprache kann lebendig werden. Sie kann fähig werden, von einem zum anderen zu fließen. Oft dringt in den Psalmen, was tief im Innern berührt hat, nach außen. Von daher sind sie sehr gut geeignet, jene Sprache zu erlernen, die aus der Tiefe des Ichs spricht. Außerdem ist ein Gespräch mit Gott, das jenseits von Darstellung und Macht geführt wird, der Unaufrichtigkeit von Worten weniger ausgesetzt, als es sonst der Fall ist. Psalmen sind somit eine gute Schule für das wahrhaftige Sprechen. Natürlich muss ein Gefühl für diese Art des Sprechens entwickelt werden.

Die folgenden Psalmübertragungen sind nicht als ein für Kinder verständlicher Ersatz für den jeweiligen Psalm zu sehen, sondern sie sollen dienen, an Sprache und Verstehen der Psalmen heranzuführen. Kinder lernen über Psalmen, die innere Stimme laut sprechen zu lassen. Dabei wird ihnen der Reichtum von Sprache bildlich vor Augen geführt: Jemand kann einfach nur cool sein, oder aber wie ein Baum, der an den Wasserbächen gepflanzt ist. „Und die Wanderung durch ein finsteres Tal“ ist vom Bild und von der Tendenz her um vieles reicher als die Bekanntgabe: Ich bin heute mies drauf. Natürlich kann im kreativen Umgang mit Psalmen auch das überkommene Bild durch ein gegenwärtiges Bild ersetzt werden. Wichtig bleibt immer, dass ein lebendiges Gespräch geführt wird.

In den Psalmen wird dieses Gespräch mit und über Gott von Generation zu Generation weitergegeben. Diese Sprache im Fluss zu halten, wie einen Bach, an dem die Wurzeln das Wasser ziehen, um in den Himmel zu wachsen, kann über einen lebendigen und kreativen Umgang mit den Psalmen geschehen. Es ist nur wichtig, den Umgang mit jenem Wasser des Lebens möglichst früh einzuüben.

Psalm 1

Altersgruppe: ab 8
Biblischer Bezug: Mk 12,28–34 und Eph 5,15–21
Kirchenjahr: 18. Sonntag nach Trinitatis
Thema: Was ist Gut?/Wer hat es gut?/Wachsen!

Der hat es gut,
der sich nicht vorschreiben lassen muss,
was am Ende nur andern nützt,
der sich nicht verleiten lässt,
immer nur an sich zu denken,
der nicht bei denen sitzt,
die immer nur über andere meckern
und selber gar nichts machen.
Der hat es gut, der sich von Gott sagen lässt,
was gerecht ist
und versucht zu verstehen,
warum es nicht immer nur nach dem eigenen Willen gehen kann.
So einer wird wie ein Baum,
der nicht vertrocknen kann,
weil er an einem Bach gepflanzt ist,
in dem das Wasser des Lebens plätschert.
So einer wird viel Freude an andere verschenken,
so wie ein Apfel- oder Birnbaum seine Früchte verschenkt.
So einem wird viel Gutes gelingen.
Leider gibt es auch andere, die Gott nicht glauben,
sie werden keine Bäume, die in den Himmel wachsen.
Sie fällt der Sturm der Zeit.
Was Gott für alle Menschen will, hat er gesagt.
Und die es nicht hören,
werden am Ende kein gutes Leben haben.
Jeder will dann alles für sich.
Keiner kann den anderen mehr leiden,
und jeder ist des anderen Feind.
Gott will, dass wir gerecht sind
und gerecht bleiben,
damit es allen gut geht und
keiner dem anderen Unrecht tut.

Psalm 4

Altersgruppe: ab 9
Biblischer Bezug: Mt 5,38–42
Kirchenjahr*:* 21. Sonntag nach Trinitatis
Thema: Seinen Glauben gegen Widerstand verteidigen/Gottes Nähe, wenn man allein ist.

Gott, du hörst, wenn ich rufe.
Du bist gerecht, und du tröstest mich in Angst.
Sei freundlich und erhöre mein Gebet.
Andere lachen über mich, weil ich bete.
Sie sagen*:* Man sieht deine Hilfe nicht.
Du bist nur ausgedacht.
Dabei glaube ich fest,
dass Gott die Menschen führt,
dass er hört, wenn wir beten,
dass er Wunder geschehen lassen kann.
Doch nicht Zorn über andere,
sondern ein freundliches Herz ist wichtig.
Gott lässt alles gut werden.
Auch wenn manche glauben,
gar nichts wird gut.
Wo Gott ist, da ist das Herz froh.
Es braucht dann keine anderen Dinge.
Er lässt ganz tief atmen,
er lässt froh zum Himmel sehen
und ruhig schlafen.
Er gibt mir den Frieden in die Seele,
weil er hilft
und mich sicher leben lässt.

Psalm 23

Altersgruppe: ab 6
Biblischer Bezug: Joh 10
Kirchenjahr: Miserikordias Domini
Thema: Behütet und umsorgt sein!

Gott, du passt auf mich auf,
wie ein Schäfer auf seine Schafe aufpasst.
Du sorgst dich darum, dass mir nichts fehlt.
Du lässt mich satt werden
und lässt mich immer genug zu trinken haben.
Du willst, dass ich mir keine Sorgen machen muss.
Du führst mich so, dass ich dich nicht verliere.
Und wenn es mal gefährlich wird,
brauche ich mich nicht zu fürchten,
denn du, Gott, mein guter Schäfer, bist bei mir.
Du hilfst mir auf aus traurigen Gedanken.
Du gibst mir immer, was ich zum Leben brauche,
auch wenn andere sagen, ich hätte es nicht verdient.
Du sorgst dich um meine Gesundheit und
gibst mir so viel, dass ich genug habe.
Was kann mir geschehen,
wenn du gut und barmherzig zu mir bist.
Wo ich bei Dir bleibe, bleibe ich immer
in einem liebevollen Zuhause.

Psalm 24

Altersgruppe: ab 8
Biblischer Bezug: Gen 1
Kirchenjahr: Advent/Gottesdienst/Schöpfung/Natur/Technik
Thema: Wem gehört die Erde?

Die Erde gehört Gott.
Was tief in ihr verborgen ist,
was sie umgibt und auf ihr wohnt –
Alles gehört Gott.
Er hat allem einen Grund gegeben.
Gott hat alles geschaffen.
Aber wo ist Gott?
Wer darf sich in seine Nähe begeben;
wer darf da sein, wo Gott ist?

Wer nichts Böses tun will,
wer ein gutes Herz hat,

wer nicht lügt und es ehrlich meint,
dem wird Gott seine Hilfe geben.
Er wird Gerechtigkeit von Gott empfangen.
So wird es Menschen ergehen, die nach Gott fragen,
die nach der Wahrheit suchen.
Also macht die Tore weit auf
und alle Türen der Welt macht auf,
dass der König der Ehre einziehen kann.

Der König der Ehre?
Wer ist das? Wer soll da zu uns kommen?
Gott soll zu uns kommen. Er ist unser König.
Er wird uns beistehen und helfen.
Also macht die Tore weit auf und alle Türen der Welt,
dass Gott einziehen kann.

Psalm 43 (Gespräch)

Altersgruppe: ab 12
Biblischer Bezug: Mk 10,35–45
Kirchenjahr: Judika
Thema: Zuversicht trotz Unrecht!

Manchmal bin ich wütend.
Ich weiß, dass etwas gemein und ungerecht ist.
Aber was soll man tun?
Soll man auch ungerecht und gemein sein?

Gott hilft, wenn deine Sache gerecht ist.
Für alles, was gut und gerecht ist,
stellt sich Gott an deine Seite.
Er macht dich stark gegen viele
und lässt dich mit der Wahrheit nicht allein.

Gewiss ist Gott stark, und er macht auch mich stark.
Aber manchmal fühle ich mich ganz allein.
So als hätte er mich verlassen.
Ich gehe traurig umher,
und andere lachen über mich und meinen Gott.

Manchmal brauchen wir ein Licht für das,
was unser Leben finster macht.
Manchmal brauchen wir die Wahrheit,
um wie von einem hohen Berg aus
die Zukunft zu sehen.

Wenn das passiert,
dann ist Gott ganz nah,
dann macht er froh und glücklich,
dann möchte man ihm mit einem Lied danken.

Ja, das kenne ich. Das habe ich erfahren.
Also warum soll ich betrübt und unruhig sein.
Wenn Gott immer da war,
dann wird er mir auch in Zukunft helfen.
Wenn ich auf ihn warte, wird er kommen
und mich aus der Traurigkeit erlösen.

Psalm 46

Altersgruppe: ab 8
Biblischer Bezug: Joh 14,23–27
Kirchenjahr: Pfingsten
Thema: Gemeinschaft in Gott/Im Unglück zusammenhalten

Gott, durch dich wird unsere Gemeinschaft stark,
durch dich lernen wir gut zueinander zu sein.
Du hilfst uns, wenn uns ein Unglück trifft.
Deshalb brauchen wir keine Angst zu haben,
egal was passiert, nichts ist so schlimm,
dass du es nicht wieder gutmachen kannst.
Selbst, wenn die Welt untergeht,
wenn Sturm und Erdbeben passieren,
dann bist du da,
um zu helfen und zu trösten.
Wo Gott in der Nähe ist,
da ist Lachen und Freude,
da kann keine Furcht so groß werden,
dass sie uns besiegt.
Die Stadt und die Gemeinschaft, in der Gott wohnt,
wird nicht untergehen.

Wo Menschen gemeinsam an Gott glauben,
da wächst in allen das Gute.
Es wird so stark,
dass man Gottes Nähe spüren kann.

Psalm 57 (Gespräch)

Altersgruppe: ab 10
Biblischer Bezug: Lk 9 und 1Kön 19,1–8
Kirchenjahr: Okuli
Thema: Wer bin ich?/Wo finde ich Antwort auf mich?

Bin ich gut oder schlecht?
Ist, was ich tue, immer recht?

Sei mir gnädig, Gott, sei mir gnädig!
Denn meine Seele mag sich nicht verlier'n in Sorgen,
nur unter dem Schatten deiner Flügel bin ich auch geborgen,
sei mir nah bis, was mich traurig macht,
vorübergeht und mir dein Geist entgegen weht.

Wo finde ich den rechten Mut,
und einen Weg, der für mich gut?

Ich ruf' zu Gott, dem Allerhöchsten,
zu Gott, der weiß und dann berührt ,
was meinen Weg zum Guten führt.
Er lässt mich nicht verloren geh'n,
lässt immer mich den Himmel seh'n.
Und bleibt bei mir, wo ich auch bin,
und gibt dem Guten einen Sinn.

Was ist, wenn andre zu mir sagen,
du bist für uns kaum zu ertragen?

Wie Feuer ist oft Eigensinn,
und Worte strecken Menschen hin.
Dann komm zu mir und steh' mir bei,
damit ich nicht alleine sei.

Und wenn man sagt, ich sei ganz schlecht
und beugt in mir, was ist gerecht?

Gewiss, der Weg mit Gott ist ziemlich schwer
doch meistens kommt es hinterher,
dass, wer sich ihm entgegenstellt,
in seine eig'ne Grube fällt.

BEIDE: Du machst die Welt und uns ganz groß,
du hältst uns fest und lässt uns los.
Wir woll'n auf deiner Seite hoffen,
denn du hältst große Türen offen.
Du gibst, das unser Herz erklingt
und manche Grenze überspringt.
Durch dich woll'n wir uns strecken,
dich hier und jetzt entdecken.

Psalm 57

Altersgruppe: 13
Biblischer Bezug: Gen 2,7
Kirchenjahr: Konfirmandengottesdienst
Thema: Seele/Sich Gott verbunden fühlen

Gott halte zu mir.
Du weißt, wie es in mir aussieht.
Du nimmst all meine Traurigkeit und meine Fröhlichkeit
in deine großen Arme.
Wo du da bist, weiß ich,
alles Unglück geht vorüber.
Ein unsichtbares Band gibt es zwischen Dir und mir.
Es hält mich fest.
Es richtet mich auf, wo ich gefallen bin.
Es hält mich zurück, damit ich nicht ins Unglück laufe.
Es lässt mich springen und tanzen.
Manchmal spüre ich es ganz deutlich:
Dann hüpft mein Herz,
dann könnte ich vor Glück singen,
dann könnt ich die ganze Welt umarmen.
Alles ist dann schön.
Nichts kann mir die Freude verderben.
Dann singt meine Seele.
Mein unsichtbares Band ist gespannt, wenn es dich spürt.

So wie die Saite einer Harfe klingt alles in mir,
als würdest du, Gott, auf mir ein wunderschönes Lied spielen.
So wie die Sehne eines Bogens bin ich gespannt,
um einen Pfeil ins Morgenrot, –
ins wunderschöne Unendliche, zu schicken.
Gott, ich danke dir,
dass du mir eine Seele geschenkt hast,
die mich mit dir verbindet.

Psalm 66,1–5 (Gespräch)

Altersgruppe: ab 8
Biblischer Bezug: Gen 1
Kirchenjahr: Frühling/Kantate/Jubilate
Thema: Sich des Lebens freuen/Teilhaben am Erwachen der Schöpfung

A: Wenn es wächst und gedeiht,
wenn die Vögel wieder singen,
wenn alles wieder grün wird –,
dann merke ich, wie in mir das Glück wächst
und ich selber wie ein Vogel singe,
oder wie ein Grashalm mich zur Frühlingssonne strecken möchte.

B: Alles scheint sich in Gottes Richtung zu strecken.
Als wollte es Gott für das Leben danken,
als wollte ein Chor der ganzen Schöpfung singen:
„Gott wie wunderbar sind dein Werke!
Niemand, der das Wachsen und Gedeihen aufhält.
Niemand, der sich Dir in den Weg stellen kann."

A: Ich bestaune die Wiese mit ihren Gräsern und wilden Blumen,
und die grünen Bäume, die sich in den Himmel strecken.
Die Käfer mag ich und die Ameisen und die Himmelsschlüssel.
Ich könnte alles umarmen.

B: Es ist als würden Wiesen, Wind und Wolken.
Berge, Meer und Wälder ein Loblied auf den anstimmen,
der dies alles gemacht hat.
Als würde es von überall rufen:
„Kommt her und seht,
was Gott so Wunderschönes gemacht hat.
Es ist so schön dies alles zu erleben.“

Psalm 69

Altersgruppe: ab 10
Biblischer Bezug: 1 Kön 19,1–9
Kirchenjahr: Passion
Thema: Rufen aus der Not!

Gott hilf mir!
Denn das Wasser steht mir bis zum Hals.
Ich versinke in der Tiefe
und habe keinen Grund unter den Füßen.
Ich bin in Not, wie in ein tiefes Wasser geraten
und drohe zu ertrinken.
Schon kann ich kaum noch schreien.
So heiser bin ich.
Meine Augen sind verschwommen von Tränen,
weil ich solange auf Dich warten muss,
auf meinen Gott!
Trotzdem bete ich zu Dir, weil ich weiß,
du bist gut,
weil ich weiß, du kannst helfen,
weil sonst keiner ist, der tun kann,
was du tun kannst.
Höre auf dein Kind,
das in der Not zu dir ruft.
Lass' nicht zu,
dass die Angst mich überwältigt.
Erhöre mich schnell!
Komm zu meiner ängstlichen Seele
und befreie sie aus Not und Angst.
Gott, deine Hilfe schütze mich.

Psalm 77

> *Altersgruppe:* ab 8
> *Biblischer Bezug:* Ex 16
> *Kirchenjahr:* Passionszeit/7. Sonntag nach Trinitatis
> *Thema:* Hilfe, wo man nicht weiß, wie es weiter gehen soll.

Ich rufe zu Gott:
Ich brauche Hilfe!
Sicher hört er mich.
Auch, wenn ich mit traurigen Gedanken an ihn denke.
Und ich voller Angst frage: Wo bist du, Gott?
Früher warst du da.
Aber wo bist du jetzt?
Darüber denke ich nach am Tag und in der Nacht.
Ich suche dich, Gott.
Alle scheinen dich nicht zu kennen.
Keiner glaubt, dass du helfen kannst.
Warum finde ich dich nicht, Gott?
Warum bist du jetzt nicht hier?
Früher hast du doch immer geholfen?
Hast Verirrten deinen Weg gezeigt?
Den Weg, der ein gutes Ende nimmt.
Es gibt nichts Größeres und Stärkeres als Dich, Gott.
Wunder geschehen durch dich.
Alle Menschen können es sehen.
Selbst wo es scheinbar nicht mehr weitergeht,
ja sogar durchs Meer,
durchs große Wasser zeigst du einen Weg.
Du führst, die dir folgen, wie ein guter Hirte.
Durch Mose und Aaron zeigst du uns unseren Weg.

Psalm 90

> *Altersgruppe:* ab 14
> *Biblischer Bezug:* Offenbarung des Johannes
> *Kirchenjahr:* Ewigkeitssonntag
> *Thema:* Sterben müssen und trotzdem Gott vertrauen!

Gott von dir kommen wir und zu dir gehen wir.
Unsere Lebenszeit ist für dich nur ein Augenblick.

Du bist immer da gewesen.
Anfang und Ende kommen bei dir zusammen.
Bei dir vergeht nichts, nicht einmal die Zeit.
Denn du siehst auf sie herab.
Du lässt uns sterben, damit wir zu dir zurückkommen,
dahin, wo alles gut aufgehoben ist.
Denn bei dir zählt alles anders.
Tausend Jahr sind nicht mehr
als ein vergangener Tag.
Wie ein großer Strom des Lebens,
der doch in tiefem Schlaf liegt,
fließt alles dahin.
Grün und jung erwacht alles,
grau und welk stirbt alles,
das ist beim Gras wie bei den Menschen gleich.
Aber ist das Sterbenmüssen eine Strafe für all das,
was wir falsch machen,
weil wir dich so oft vergessen?
Bist du zornig über uns,
weil wir die unwichtigen Dinge wichtig machen,
weil wir uns auf uns selbst so viel einbilden?
Alles was wir für Gewinn halten, verlieren wir.
Alles vergeht und unsere Tage werden immer weniger.
Geschieht das wirklich, weil du zornig über uns bist?
Müssen wir uns vor dir fürchten?
Nein, denn wenn wir von dir kommen
und zu dir heimkehren,
dann haben wir unser Leben von Dir bekommen,
um dich als guten Gott zu erkennen,
um zurück in deine Nähe zu gelangen.

Psalm 104

Altersgruppe: ab 8
Biblischer Bezug: Gen 1 und Jes 58
Kirchenjahr: Erntedank
Thema: Freude, am Leben zu sein/Danken!

Gott, du bist voller Wunder, die ich bestaune.
Licht ist dein Kleid,
und den Himmel hast du ausgebreitet

wie einen Teppich.
Du hast unserer Erde einen guten Grund gegeben,
und das bleibt so.
Du hast die Quellen gemacht,
dass die Tiere davon trinken können.
Den Vögeln hast du die Bäume gegeben,
und du lässt sie vor Freude singen.
Gras lässt du wachsen für die Tiere
und Getreide, dass wir Menschen Korn für das Brot haben.
Den Wein lässt du wachsen, dass wir fröhlich werden
Allen Lebewesen gibst du ein Zuhause.
Du hast die Zeit eingeteilt in Tag und Nacht.
Hast Sonne und Mond gegeben.
Ja, Gott, wir können nur über dich staunen.
Wunderbar sind deine Werke.
Alles hast du weise geordnet,
obwohl es so unterschiedlich von dir gemacht wurde.
Darum warten alle auf Dich,
dass du ihnen das gibst, was sie brauchen.
Du schenkst uns so viel,
wir müssen es nur auflesen.
Wenn du deine Hand öffnest,
ist genug für alle da.
Wo du mit deiner Güte regierst,
werden alle satt.
Gott, du bist voller Wunder,
die ich bestaune.

Psalm 116,1–9 (Gespräch)

Altersgruppe: ab 13
Biblischer Bezug: Mt 7,13–16a
Kirchenjahr: Konfirmation/GD mit Jugendlichen
Thema: Zu sich selbst finden/Vertrauen finden

Wem kann ich mich ganz anvertrauen,
wenn ich große Probleme habe?
Wer hört mir richtig zu
und versucht mich zu verstehen?

Mein ganzes Vertrauen gehört Gott,
denn er hört,

wenn sich in mir eine Stimme erhebt,
wenn ich keine Antwort, keinen Ausweg,
keine Lösung finde.
Ich spüre, dass er für mich in der Not da ist,
dass er ein Ohr für mich hat.
Darum will ich ihm mein Leben lang vertrauen. (1 und 2)

Das ist eine Vermutung!
Aber wer kann das schon beweisen?
Was ist, wenn ich ungehört bleibe?
Wenn mein Rufen sich in einem großen Schweigen verliert?

Ich habe Gott erlebt,
als ich zutiefst verzweifelt war,
als ich fragte, wozu bin ich da
und keine Antwort fand,
als ich in tiefster Traurigkeit versank
und der Tod in allem recht behielt,
als Jammer und Not mich quälten,
da rief ich zu Gott.
Ich rief: Ach, Herr errette mich! (3 und 4)

Und was hat Gott getan, der ferne fremde Gott?
Ist er dir nah gewesen?
Was hast du für eine Antwort bekommen?
Sag', wie hat er dir geholfen?

Ich spürte Gott um so vieles größer als mich.
Gnädig, gerecht und barmherzig fand ich ihn.
Wie ein Vater erschien er mir.
Ein Vater, der beschützt,
der in die Arme nimmt und alles wieder gut macht.
Er nutzt meine Schwäche nicht aus,
sondern gibt mir Hilfe stark zu sein. (5 und 6)

Fühlst du dich wirklich nicht verlassen und allein,
unruhig und unzufrieden?
Ist Gott wirklich der Ort,
an dem alle deine Sehnsucht aufgehoben wird?

Wohin sollte unsere Seele,
wohin sollte unsere Sehnsucht denn hin,
wenn nicht zu Gott
Er bringt zur Ruhe, was uns ängstlich und einsam macht.
Gott ist der, der alles gut werden lässt.
Mit Ihm besiege ich die Angst vor dem Tod.

Er bewahrt mich vor falschen Schritten.
Er trocknet meine Tränen. (7 und 8)

Du meinst, was in Gott seinen Anfang nimmt,
das findet kein Ende, das führt in die Ewigkeit?

Wo Gott mir voran geht,
gehe ich nicht verloren.
Er gibt meinem Leben einen Sinn und erfüllt es.
Durch Ihn lerne ich das Leben zu lieben. (9)

Psalm 118

> *Altersgruppe:* ab 9
> *Biblischer Bezug:* Lk 24,13–35
> *Kirchenjahr:* Ostern
> *Thema:* Aufatmen nach trauriger Zeit/Krise überwinden

Gott macht mich stark
Er lässt mich singen.
Er lässt alles wieder gut werden.

Wer das erlebt hat,
der singt vor Glück.

Denn Gott besiegt alle Traurigkeit,
sein Arm zeigt den Weg heraus.

Nicht das traurige Ende,
sondern den fröhlichen Anfang,
geschieht mit Gott.

Alle sollen hören,
dass es mit Gott kein Ende hat.

Auch wenn mir ein Unglück widerfährt,
will Gott nicht, dass alles zu Ende ist.

Leise öffnet er dann eine Tür,
durch die ich mich und ihn wieder finde.

Diese Tür öffnet sich,
wenn man nicht nur mit sich selbst gerecht ist,
sondern fragt, ob du, Gott, es gerecht findest.

Du lässt mich erkennen,
wo ich nur an mich gedacht habe.

Du hilfst mir ein guter Mensch zu werden.
Dafür danke ich dir.

Oft ist das, von dem ich denke,
es passe nicht in diese Welt,
genau das, was unsere Welt braucht.

Gott, du gibst uns die Bausteine für solche Wunder.
Gott, du lässt uns sehen, was wir nicht glauben konnten.

Gott, du lässt uns rufen:
Wie wunderschön ist dieser Tag.

Lasst uns für dieses große Geschenk,
mit Freude und Fröhlichkeit danken.

Psalm 121 (Gespräch)

Altersgruppe: ab 6
Gespräch: Vater und Sohn
Biblischer Bezug: Psalm 121 und Ex 20,12
Kirchenjahr: Altjahresabend
Themen: Was macht Eltern stark?/Tradition/Gotteszuversicht

Papa, du bist zwar ein großer starker Mann,
aber manchmal bist du traurig oder schaffst etwas nicht.
Ja, und wer hilft Dir dann?

Ich hebe meine Augen auf zu den Bergen. Woher kommt mir Hilfe?

Vielleicht ist es gut den Kopf nicht traurig zu senken.
Aber, dass Berge helfen, kann ich mir nicht denken?

*Meine Hilfe kommt vom Herrn, der Himmel und Erde
gemacht hat.*

Ist dieser Herr, ein guter Gott, der auf Eltern aufpasst.
Der, wenn sie sich verirren, ihre Hand anfasst?

*Er wird deinen Fuß nicht gleiten lassen, der dich behütet,
schläft nicht.*

Auch mich hat dieser große Gott bewacht?
Selbst als ich schlief in dieser Nacht?

Siehe, der Hüter Israels schläft und schlummert nicht.
Der Herr behütet dich, der Herr ist der Schatten über deiner rechten Hand,
dass dich des Tages die Sonne nicht steche noch der Mond des Nachts.

Ein Gott, der es immer gut mit mir meint,
der mich tröstet, wenn ich geweint,
der mich ruft, wenn mich alles vergisst,
der immer und ewig bei mir ist?

Der Herr behüte deinen Ausgang und Eingang von nun an bis in Ewigkeit.

Psalm 122

Altersgruppe: ab 8
Biblischer Bezug: Mk 1,16–20 und Gen 12,1–3
Kirchenjahr: 5. Sonntag nach Trinitatis
Themen: Etwas entdecken/Sich auf den Weg machen

Ich freue mich, wenn ich nicht allein gehen muss.
Wenn mir jemand sagt:
Komm mit, wir wollen etwas ganz Großes entdecken.
Wir wollen suchen, wo Gott ein bisschen Zuhause ist.
Und ich träume auf dem Weg dorthin,
dass wir vor den Toren einer wunderschönen Stadt stehen
und von allen Enden der Welt kommen Menschen,
weil sie sehen wollen,
welche Wunder Gott tut.
Eine Stadt, in der verschiedene Menschen friedlich beisammen wohnen,
in der es gerecht zugeht.
Eine Stadt, in der Frieden und Glück wohnen.
Und alle, die ich gern hab', sollen hier bei mir sein.
Weil ich Gott vertraue,
suche ich diese Stadt,
denn ich weiß, er will,
dass wir alle sie finden.

Psalm 126

Altersgruppe: ab 6
Biblischer Bezug: Lk 15,11–32
Kirchenjahr: Ende des Kirchenjahres
Themen: Hoffnung/Aus der Traurigkeit finden/Lachen können

Es wird sein, dass keiner mehr nur an sich denkt.
Alle guten Träume werden Wirklichkeit.
Alle Münder werden lachen.
Alle Zungen werden sagen: Gott ist wunderbar.
Und alle, die nichts von Gott wissen wollen,
werden sagen:
Gott hat sie verwandelt, hat sie verzaubert.
Ja, Gott verwandelt uns und verzaubert uns.
Darum sind wir fröhlich.
Gott bringe alle zurück,
die im Alleinsein gefangen sind.
Bringe sie so zurück,
wie du Bäche dahin zurückbringst,
wo zuvor alles vertrocknet ist,
Kommt zurück ihr kleinen und großen Bäche!

Psalm 126

Altersgruppe: ab 12
Biblischer Bezug: Jes 65
Kirchenjahr: Ewigkeitssonntag
Themen: Hoffnung und Trost!

Einmal werden wir einfach loslassen,
was wir jetzt ganz fest halten.
Ohne Angst, etwas zu verlieren.
Ohne den Willen etwas für immer zu behalten.
Ganz frei und offen für Gottes Wunder
werden wir über unsere Träume staunen.
werden uns wundern, wie gut es Gott mit uns meint.
Unser Mund wird voller Lachen sein,
weil alles in uns Gefangene befreit wird,
und unsere Zunge wird Gott für all das loben.

Andere werden an uns sehen, wie gut es Gott
mit allen Menschen meint.
Alles in uns wird fröhlich sein,
weil das Größte auf der Welt Gottes Güte ist.
Gott, noch sind wir in fremden Dingen gefangen,
noch sind wir im trocknen Land unterwegs.
Aber die Bäche werden wieder sprudeln
und das Land unsere Träume wieder fruchtbar machen.
Noch sind Tränen die Aussaat,
aber du Gott willst, dass wir Freude ernten.
Du willst, dass wir in Freuden mit unseren Träumen
bei Dir ankommen.

Psalm 127,1–2

Altersgruppe: ab 12
Biblischer Bezug: Dtn 28,11–14
Kirchenjahr: 15. Sonntag nach Trinitatis
Themen: Können und Gelingen/Das Gute tun

Gott, durch dich geschieht Gutes.
Ein Haus gibt nur demjenigen Schutz und Geborgenheit,
der es mit Gottes Hilfe baut,
und eine Stadt ist nur gut behütet, wenn Gott über sie wacht.
Ob Baumeister oder Wächter,
keiner kann das Gute ohne dich vollbringen.
Was wir tun, ohne an dich zu denken, tun wir umsonst.
Du fragst uns, ob das, was wir tun, allen gut tut.
Großes können wir nur mit deiner Hilfe tun.
Und ob es uns gelingt, liegt daran,
ob du deinen Segen dazu gibst.
Wo wir dich vergessen und denken,
wir brauchen dich nicht,
merken wir, dass unsere Sorgen nicht aufhören
Auch wenn wir meinen große Meister oder große Künstler zu sein,
so kommt doch alles Können und Vollbringen von dir, Gott.
Nicht unser Tun, sondern dein Segen,
Gott, lässt gute Werke geschehen.

Psalm 139,1–10

Altersgruppe: ab 6
Biblischer Bezug: Jes 43,1
Kirchenjahr: Taufe/6. Sonntag nach Trinitatis
Themen: Nähe Gottes/Furcht überwinden

Psalm und Situationen, die Kinder im Alltag erleben, werden hier zusammengestellt.
Der Psalm wird hierbei immer gesprochen, und Situation aus Alltag wird gesungen nach Gerhard Schönes: „Da müsste ein Märchenprinz kommen".

Gott, du bist in meiner Nähe.
Immer bist du da.
Ob ich sitze oder stehe,
stets bist du mir nah.

Und du kennst auch meine Nöte,
weißt, was ich begehr'.
Du kennst alle meine Wege,
hilfst mir, wenn es schwer.

Was ich spreche,
manchmal ohne Wort.
Alles in mir, alles kennst du,
und du hilfst mir fort.

Du bist wie ein warmer Mantel,
wie die gute Hand.
Alles, alles von mir weißt du.
Ich bin Dir bekannt.

Wie du da bist, ist ein Wunder
Ich begreif' es nicht:
Wischst, wenn ich so ganz verloren,
Tränen vom Gesicht.

Nie alleine,
du bist stets bei mir.
Gott, du bist mein Wegbegleiter
Dafür dank ich dir.

Manchmal lauern schwarze Hunde
auf dem Weg zum Freund.
Manchmal ist es auch ein Unrecht,
das durchs Leben streunt.

Du siehst einen großen Jungen,
der ist sehr gemein,
zu'nem Kind auf eurem Schulhof,
und das Kind ist klein.

Es hat Angst sehr:
Tränen kullern schon.
Du willst etwas unternehmen,
doch es ist ein Hohn:

Dieser Unhold ist viel stärker.
Er lacht dich nur aus.
Deine Wut wird immer größer.
Doch was machst du draus?

Du siehst dann die andern Kinder
und merkst irgendwie:
Alle spüren die Gemeinheit,
und du denkst wie sie.

Jetzt nicht zaudern
und eine Idee,
der Gerechtigkeit zu helfen,
das man sie versteh'.

Einfach nur ganz laut zu rufen:
Du bist so gemein!
Hülfe andern einzusehen:
Wir sind nicht allein.

Manchmal fühlt man sich allein,
hat zu große Angst.
Doch es gibt da wirklich einen,
dass du nicht nur bangst.

Wer hilft dir jetzt?
Wer ist für dich da?
Wer sieht deine große Sorge
und kommt dir ganz nah:

Gott, dein Geist ist in der Nähe,
wenn es ausweglos.

Wenn wir viel zu ängstlich glauben,
machst den Mut du groß.

Wird es finster in Gedanken
lächelt dein Gesicht.
Auf was wir vorher nicht sahen,
fällt dein gutes Licht.

Du bist zu finden
himmelhoch und tief,
keiner geht bei dir verloren,
wohin er auch lief.

Selbst die Menschen, die gestorben,
sind am End' bei dir.
Jede Zeit und alle Orte
bist du für und für.

Würde ich mich auch verstecken,
hinter Meer und Land,
Flöge ich zur Morgenröte
Hieltst du meine Hand.

Nichts bleibt finster.
Du schenkst immer Licht.
Ich bin bei dir ganz geborgen.
Ich fürchte mich nicht.

So sind wir in dir geborgen
und niemals allein.
Keine Nacht kann uns besiegen,
denn wir sind ja dein.

Nicht einmal die großen Jungen,
auch kein schwarzer Hund,
können uns jemals besiegen.
Und das ist der Grund:

Du bist bei uns.
Du gibst weite Sicht.
Nein, es bleibt nicht immer dunkel,
denn du schenkst uns Licht.

Übertragung Jesaja 9,1–6

Altersgruppe: ab 12
Biblischer Bezug: Jes 60,1–6
Kirchenjahr: Epiphanias/Weihnachtszeit
Themen: Gotteszuversicht/Dunkle Gedanken überwinden

Es lebte ein Volk in Dunkelheit.
Finster schauten die Herrscher ins Land.
Dunkle Machenschaften ließen düstere Kriege wüten.
Die Leute gingen ihre Wege mit finsteren Mienen
und hatten die Blicke gesenkt.

Aber dann sahen plötzlich einige auf.
Denn Licht kam nicht von unten.
Es kam nicht aus dem Dunkel der Erde.
Es kam nicht aus finsteren Gedanken.
Das Licht kam von oben.
Es kam vom Himmel.
Es kam von Gott.
Ja, da war ein helles Licht.
So als wollte es endlich Tag werden.

Als wollte Gott sagen;
ich helfe euch, dass es hell auf der Welt
und hell in eurem Herzen wird.
Freut euch, dass Ihr da seid.
Freut euch, dass ich für euch da bin.
Ihr müsst euch nicht gegenseitig
das Leben schwer und düster machen.

Ich will euch zeigen,
was gut ist und euer Leben leuchten lässt.
Ihr braucht nicht zu hetzen, aus Angst nicht genug zu bekommen.
Ihr braucht nicht fliehen, aus Angst vor den Feinden.
Ihr braucht keine Kriege, um euer Recht zu bekommen.
Und ich will euch zeigen, wie man das macht.
Es wird ein Kind geboren.

Das soll euer König sein,
denn es ist mein Kind.
Das Kind wird euch ein Licht aufgehen lassen.
Ein Licht, das euch den Weg zu mir zeigt.

III. Lieder

Teil A: Lieder des Gesangbuches mit neuem Text

Wer während des Gesanges in die Reihen der Kirchengemeinde sieht, erkennt manchmal in den Gesichtern sehr unterschiedliche Haltungen zu den Liedtexten. Während bei älteren Gemeindegliedern, die in langer Gesangbuchtradition stehen, so etwas wie Seligkeit ausstrahlt, erkennt man bei jüngeren Leuten zuweilen beim Singen der alten Texte eine gewisse Skepsis. Manch alter Text wird von ihnen mit einem Lächeln gesungen (EG 58 *Nun lasst uns gehen und treten*) oder aber manche Stellen werden mit bedenklichem Gesicht etwas leiser gesungen: (EG 193 *Erhalt uns Herr bei deinem Wort und steure deiner Feinde Mord.*) Während sich die Sprache und ihre gängigen Bilder gewandelt haben, gehören die Melodien zum großen kulturellen Erbe.

Gewiss können Sprache und Texte erklärt werden, aber damit die liebe Seele singt, muss sie sowohl von Text und Melodie angerührt sein. Natürlich können wir nicht alle alten Texte durch neue und der Sprache der Zeit entsprechende ersetzen, aber hin und wieder ist ein anderer Text sehr hilfreich. Es ist um Vieles leichter mit Kindern eine alte Melodie mit einem ihrem Empfinden und ihrer Sprache verständlichen Text einzuüben, als mit Worten, die sie nur aus großer Distanz verstehen. Auch ein Singen mit Texten, die mein Inneres erklingen lassen, ist ein viel ausdrucksvolleres. Der eigentliche große Gewinn ist, dass mit alten Melodien und neuen Texten die zuweilen recht große Distanz von Gemeinde- und Familiengottesdienst etwas überwunden werden kann. Die ältere Generation hört ihre Lieder von der jüngeren gesungen und erfährt über den Text trotzdem etwas Neues. Für Kinder und Jugendliche ist entscheidend, was sie singen, ein Text, über den andere lachen könnten, ist ihnen voll peinlich.

Tradition bedarf auch immer der Glaubwürdigkeit, und was mich nicht mehr betrifft, wird auch nicht mitgenommen. Neu zu dichten, ist sicher einer von mehreren Wegen neue Texte auf alte Lieder zu machen, um die alten Lieder zu bewahren. Hilfreich und den Glauben der ganzen Gemeinde stärkend ist es, wenn gehört wird: Wie die Alten sungen, so zwitschern schon die Jungen.

EG: 11 Wie soll ich dich empfangen

Altersgruppe: 8 Jahre
Biblischer Bezug: Lk 2,1–20
Kirchenjahr: Advent/Weihnachten
Thema: Gott kommt als Kind auf die Welt

Wie soll ich dich empfangen,
und wie begeg'n ich dir.
In Hoffen und in Bangen,
steh' ich vor einer Tür.
Oh Jesu, Jesu du bist doch
als Kind so winzig klein,
wie willst du unser Retter und unser Helfer sein.

Ein Retter ist doch mächtig
erfahren ist sein Sinn.
Doch du bist noch so schmächtig,
dass ich im Zweifel bin.
Ein Kind, ein Kind für diese Welt,
das Liebe in uns weckt
damit sie nicht verkümmert, damit sie nicht zerfällt.

Da ist etwas ganz Warmes,
was du im Herzen weckst.
Die Liebe hat nichts Armes,
wenn du sie hier entdeckst.
Dein Herz, es macht sich auf den Weg,
in jenen alten Stall
die Wahrheit da zu finden, wohin sie Gott auch legt.

EG: 165 Gott ist gegenwärtig

Altersgruppe: 8 Jahre
Biblischer Bezug: Gen 12,1–3 und Ex 16 und Mk 8,14–21
Kirchenjahr: 7. Sonntag nach Trinitatis/Epiphanias
Thema: Gottvertrauen

Gott gibt nicht verloren, Menschen, die ihm glauben.
Keiner kann dir seine Nähe rauben.

Wer ihn kennt, wer ihn nennt, der bleibt nicht vergessen.
Gott erbarmt sich dessen.

Gott führt in die Fremde, wo wir ihm nicht trauen
und nur auf uns selber bauen.
Doch er spricht uns vom Licht, wo es finster scheinet,
wo es in uns weinet.

Gott gibt uns die Stärke, stets neu zu beginnen,
wenn wir uns auf ihn besinnen.
Er erhellt unsre Welt. Wo wir ihm vertrauen,
werden wir ihn schauen.

EG: 317 Lobet den Herrn

> *Altersgruppe:* 8 Jahre
> *Biblischer Bezug:* Lk 18,9–14
> *Kirchenjahr:* 11. Sonntag nach Trinitatis
> *Thema:* Angeben/Freunde finden

Lobet nicht Leute, die sich allzu gern hoch verehren,
die nur das Beste und Höchste für sich selber begehren.
Die nicht verstehn und sich im Spiegel stets drehn
und keinen anderen hören.

Lobet nicht Dinge, die euer Herz wollen besitzen,
die euch die Freundlichkeit schnell und gemein weg stibitzen.
Was du besitzt, frag', ob es dir auch was nützt,
blind wirst du von Habgier's Blitzen.

Lobet nicht alles, was ist nach dem eigenen Willen,
manches ist erst mit viel Nachsicht und Einsicht zu stillen.
Sage auch mal, du als mein Freund hast die Wahl,
so wird die Freundschaft sich füllen.

Lobet den Herren, der alles so herrlich regieret,
der dich auf Adelers Fittichen sicher geführet,
der dich erhält, wie es dir selber gefällt.
Hast du nicht dieses gespühret.

EG: 321 Nun danket alle Gott

Altersgruppe: 8 Jahre
Biblischer Bezug: Mt 5,38–41
Kirchenjahr: 21. Sonntag nach Trinitatis
Thema: Streit/Vertragen

Es nicht immer leicht, sich richtig zu vertragen.
Wenn Ärger dich beschleicht, dann platzt schon mal der Kragen.
Dann wirst du schnell gemein, und sagst ein schlechtes Wort,
und eh du dich versiehst ist großer Streit am Ort.

Wie kann der andere nur, sich soviel Frechheit wagen.
Jetzt wirst du richtig stur, du könntest ihn fast schlagen.
Das fehlte grade noch, dass der jetzt recht behält.
Du gibst nicht eher nach bis er zu Boden fällt.

Du hast dann zwar gesiegt, doch blöd ist dir im Magen.
Wenn einer vor dir liegt und fängt laut an zu klagen.
Das ist kein gutes Recht, das andre niederringt.
Verstehen wär' viel mehr, weil es auch Einsicht bringt.

Versuch' es doch einmal, den andren anzusehen,
wie du dich selber siehst. Du wirst sehr viel verstehen.
Du merkst, er ist wir du. Im Ärger und im Streit.
So ist es immer gut, wenn man sich dann verzeiht.

Dass wir uns gut versteh'n, spricht Gott in unsre Herzen.
Du kannst nicht nur dich sehn. Sieh auch des andern Schmerzen.
Und rühren sie dich an. Dann weht ein guter Geist,
der von sich selber weg auf deinen Nächsten weist.

EG: 324 Ich singe dir mit Herz und Mund

Altersgruppe: 8 Jahre
Biblischer Bezug: Mt 5,1–10
Kirchenjahr: Reformationstag
Thema: Gerechtigkeit/Mut etwas Gerechtes zu tun

Manchmal braucht die Gerechtigkeit
etwas von deinem Mut.

Höre, was laut zum Himmel schreit,
weil einer Unrecht tut.

Willst du, was Gott sagt, wirklich tun,
dann sei nur nicht verzagt.
Gott hilft auch dem in kleinen Schuh'n,
dass er die Schritte wagt.

Er ist bei dir. Er ist dir nah.
Und ist auch schwer dein Stand.
Selbst, wo du dich verloren fühlst,
nimmt er dich an die Hand.

EG: 334 Danke für diesen guten Morgen

Altersgruppe: 6 Jahre
Biblischer Bezug: Gen 2,18
Kirchenjahr: Taufe/Pfingsten
Thema: Allein und Zusammen sein

Manchmal, da will man es alleine,
und freut sich, dass man es schon kann.
Steht ganz stolz auf eignem Beine
und gibt etwas an.

Manchmal da ist man ganz alleine,
weiß nicht, wie man es schaffen soll.
Sorgen sind dann wie große Steine.
Hilfe wär' dann toll.

Manchmal kann's nur mit Freunden gehen,
viel geht, wenn man's gemeinsam tut.
Viele, die fest zusammen stehen,
Geben sich selbst Mut.

Manchmal bist du es ganz alleine,
der seinen Freunden helfen kann,
dann bist du genau der eine,
der hier etwas kann.

Immer wenn wir zusammen stehen,
immer wenn's nicht alleine geht,
dann beginnt ein Wind zu wehen,
den Gott in uns sät.

EG: 440 All Morgen ist ganz frisch und neu

Altersgruppe: 6 Jahre
Biblischer Bezug: Ex 14
Kirchenjahr: Schulanfang/6. Sonntag nach Trinitatis
Thema: Einen neuen Weg gehen/Etwas beginnen

Gott bleibt auf guten Wegen treu,
auch wenn sie manchmal schwer und neu.
Er geht voran, er führt zum Licht.
Du gehst mit ihm verloren nicht.

Das Land von Morgen zeigt er dir,
und öffnet dahin manche Tür.
So hör' sein Wort, das zu dir spricht.
Du gehst mit ihm verloren nicht.

So lasst uns gehen in dies Land,
das uns durch Gottes Sohn bekannt.
Er macht sie weit und gut die Sicht.
Du gehst mit ihm verloren nicht.

EG: 446 Wach auf mein Herz und singe

Altersgruppe: 6 Jahre
Biblischer Bezug: Lk 15,11–32
Kirchenjahr: 3. Sonntag nach Trinitatis
Thema: Heimkehren/Fehler eingestehen

Es war ein Sohn, der dachte, dass er es besser machte,
anstatt den Vater ehren, wollt er sein Glück vermehren.

Er sprach: „Gib mir mein Erbe, denn besser wär's ich sterbe,
als hier bei dir zu wohnen. Mein Leben soll sich lohnen!"

Der Vater lässt ihn gehen, versucht ihn zu verstehen.
Er hofft auf sein Besinnen. Wird Einsicht schon gewinnen.

Der Sohn will Freunde kaufen, doch die dem Geld nachlaufen.
Sie Trinken und sie prassen, und er wird nicht verlassen.

Doch als die Taler fehlen, die Freunde ihn verhehlen.
Allein sitzt er im Graben, und keiner will haben.

Ein Knecht wird er bei Schweinen, und täglich muss er weinen.
Nachhause geht sein Sehnen. Möchte sich nur noch anlehnen.

Der Vater mög' verzeihen. ihn aus der Not befreien.
Vielleicht kann er vergeben. Ihm schenken neues Leben.

Die Tür zum Haus steht offen. Der Sohn, er kann wohl hoffen.
Der Vater hat Erbarmen. Hält ihn in seinen Armen.

Das größte Glück auf Erden ist Angenommen-Werden.
Wie Wege sich auch winden. Du musst Nachhause finden.

EG: 452 Er weckt mich alle Morgen

Altersgruppe: 7 Jahre
Biblischer Bezug: Mt 6,25–34
Kirchenjahr: 15. Sonntag nach Trinitatis
Thema: Zuversicht/Beginnen

Gott weckt mich früh am Morgen.
Er macht mir auf das Tor.
Gibt es auch manche Sorgen,
fürcht' ich mich nicht davor.
Er lässt mich nicht alleine,
Er schaut mir ins Gesicht.
Selbst wenn ich einmal weine,
bin ich alleine nicht.

Er will, dass ich verstehe.
Er gibt mir weite Sicht.
Wie ich mich auch drehe;
es findet mich sein Licht.
Er will, dass alle leben
in Frieden auf dieser Welt
Lerne ich nachzugeben
wird Finsteres erhellt.

Er spricht mit leisen Worten:
Es werde wieder Licht.
Er spricht an allen Orten,
vergisst Dich einfach nicht.

Auch wo wir ihn vergessen,
und nur noch böse sind.
Sagt er zu uns stattdessen:
Komm' heim zu mir mein Kind.

EG: 452 Er weckt mich alle Morgen

Altersgruppe: 6 Jahre
Biblischer Bezug: Mt 28,1–10
Kirchenjahr: Ostern
Thema: Aus der Traurigkeit finden/Gott vertrauen

Es war am frühen Morgen.
Traurig war'n sie im Haus.
Groß waren all ihre Sorgen,
schwarz sahen sie nur voraus.
Sie saßen ganz alleine.
Trauerten ohne Licht.
Hoffnung fanden sie keine,
Trost gab es für sie auch nicht.

Plötzlich gab es ein Brausen,
war wie vom Himmel ein Wind.
fegte hinfort alles Grausen
und weckte wieder das Kind.
Verstummt war jedes „Wehe"
und ein Gedanke bereit:
„Gott ist in eurer Nähe
wo ihr euch nahe seid"

Es war ein Wind voller Leben,
der brauste hinein in die Welt.
Gott hat den Atem gegeben,
dass sein Geist euch erhält.
Er schenkt uns das Verstehen,
wenn wir nicht nur selbst uns versteh'n.
Sondern zu IHM aufsehen
und Ihm entgegen geh'n.

EG: 455 Morgenlicht leuchtet

Altersgruppe: 6 Jahre
Biblischer Bezug: Mt 5,14–16
Kirchenjahr: Epiphaniaszeit/Pfingsten
Thema: Freundlich sein

Freundlichkeit leuchtet, wo ihr sie anfangt.
Wo ihr sie fortgebt, kommt sie zurück.
Gebt gute Worte, gebt eure Hände.
Gehn wir gemeinsam, finden wir Glück.

Lasst nicht im Dunkeln, die die euch fremd sind.
Sucht zu verstehen, auch nur ein Stück.
Gebt euch Verständnis, gebt euch Vertrauen
und geht, wenn's sein muss, auch mal zurück.

Gottes Geist leuchtet, für jeden Anfang.
Niemand muss traurig durch die Welt gehn.
Gebt was ihr selbst wollt, auch allen andern,
und ihr lernt über Grenzen versteh'n.

EG: 503 Geh aus mein Herz und suche Freud

Altersgruppe: 6 Jahre
Biblischer Bezug: Mt 5,14–16
Kirchenjahr: Frühling/Sommer
Thema: Freundlich sein

Strophe 1 Original

Zum Licht, zum Licht strebt alles hin.
Es weckt uns auf von Anbeginn,
vom ersten Schöpfungstage.
Der Frühling schenkt die Farben aus,
lockt alle Kinder aus dem Haus
und länger währ'n die Tage: II

Was Gott hin hat zum Licht gemacht,
entfaltet wieder seine Pracht.
Es ist ein Rauschen und ein Summen
Und wer jetzt nicht ins Freie geht,

sich schlafend nur im Bett umdreht,
gehört wohl zu den Dummen: II

Wer wachsen will und viel versteh'n,
darf nicht im Dunklen sich nur drehn.
Er muss hinaus ins Helle.
Sieh' an was Gott geschaffen hat:
Die Biene und das zarte Blatt.
Es hebt dir deine Seele: II

Wer wachsen will, der muss ans Licht,
denn sonst sieht er das Gute nicht,
was ganz in seiner Nähe.
Gott singt im Frühling schön sein Lied,
auf dass ein jedes Kind ihn sieht
und immer auf ihn hoffet: II

Teil B: Bekannte moderne Lieder mit neuen Texten und Rapgesang

Mit dem Erwachsenwerden kommt auch die Zeit des eigenen Musikgeschmacks. Irgendwann macht das sonst so mühsame Üben des Instruments plötzlich Spaß, weil das Lied sehr bekannt ist.

Anfangs sind es vor allem die Evergreens der Eltern wie „Über den Wolken“ oder „Yesterday“, die mit einer sonst nicht gekannten Beharrlichkeit und Emotion gesungen werden, später dann ist es mehr das, was von den alten Liedern abgrenzt.

Diese Äußerung von Kindern und Jugendlichen sollte auch im Gottesdienst aufgenommen werden. In diesen Liedern wird etwas ganz ehrlich gesagt, so wie man es in dem Alter sonst nicht zu hören bekommt. In einem bestimmten Alter ist es einfacher, sich mit einem Lied zu erklären.

Wichtig ist auch mit jenen alltäglichen Texten jenen großen Abstand zum Sonntag zu überwinden. Dinge, die mich in der Woche bewegen, die mir Sorge oder Freude machen, brauchen den Sonntag, um ausgesprochen zu werden, um vor Gott gebracht zu werden. Das Lied des Alltags mit in den Sonntagsgottesdienst zu nehmen, kann eine sehr eindrückliche Form des gesungenen Gebetes sein.

Nach: Es ist für uns eine Zeit angekommen

Altersgruppe: 6 Jahre
Biblischer Bezug: Lk 21,25–33 und Jes 30,15–17
Kirchenjahr: 2. Advent/Altjahresabend
Thema: Still werden/Lauschen

Es ist für dich eine Zeit angekommen,
die bringt dir eine große Freud //:
Zu dem Kind, das inne hält,
spricht ER leis', spricht er leis',
was ihm tief ins Herze fällt.

Es weckt uns Gott aus dem Schlafe
zu träumen einen großen Traum //:
Aus der eingefrorenen Zeit,
Er uns führt. Er uns führt
in die seine Welt so weit.

Drum haltet stille und höret,
und laufet ihm nicht mehr davon.//:
Durch sein Wort, das euch erhellt,
leuchtet es, leuchtet es
in die weite, schöne Welt.

Nach: Oh unser Maat, der hat schief geladen

Altersgruppe: 6 Jahre
Biblischer Bezug: Ex 20
Kirchenjahr: 18. Sonntag nach Trinitatis
Thema: Gerechtigkeit

Was einer darf, müssen alle dürfen.
Was einer darf, müssen alle dürfen, …
(in allen anderen Texten auch erster Satz 2 mal)
Gerechtigkeit macht Mühe.

Was einer hat, will der andre haben …
Gerechtigkeit macht Mühe.

Was einer soll, sollten alle sollen …
Gerechtigkeit macht Mühe.

Was einer will, muss nicht jeder wollen …
Gerechtigkeit macht Mühe.

Was du nicht willst, darfst du auch nicht tun …
Gerechtigkeit schützt alle.

Was du verlangst, musst du selber geben …
Gerechtigkeit lässt wachsen.

Frieden (Rappen)

Altersgruppe: 6 Jahre
Biblischer Bezug: Mt 5,38–42
Kirchenjahr: Friedensdekade
Thema: Frieden halten/Frieden gestalten

Die Frieda und der Friederich,
die konnten Frieden halten nicht'.
„Las mich in Frieden!", schreit sie laut,
nachdem er sie mal wieder haut.
Doch er tut's nur, damit sie schreit.
Das macht nun seinen Mund ganz breit
Und wutentbrannt, ob dieser Lache,
schwört Frieda sich nun bittre Rache
und stellt dem Friederich ein Bein
– auch dieser kann ganz herrlich schrei'n.
Worauf jetzt dieser wieder grimmt
und sich nun Friedas Mappe nimmt.
Er kippt sie aus mit weitem Bogen.
Da kommt schon Friedas Faust geflogen.
Jetzt kämpfen beide heiß entbrannt.
Ein Lehrer kommt schon angerannt.
Und mahnt, wie es wohl sein Pflicht:
„Nein Kinder! So was tut man nicht!"
Da muss der Friederich laut lachen,
und Frieda muss das gleiche machen.
Denn Frieden kann sich nur entfalten,
wo man den Streit lernt zu gestalten.

Nach: Über den Wolken

Altersgruppe: ab 8
Biblischer Bezug: Lk 11,5-13
Kirchenjahr: Rogate
Thema: Freunde haben/Gott zum Freund haben

Manchmal bist du ganz allein,
und zum Riesen werden deine Sorgen.
Fühlst dich einsam und ganz klein
und hast Angst vorm neuen Morgen.
Wie ein schwarzer Vogelschwarm
kreist es dann in den Gedanken.
Doch dann zupft dich wer am Arm,
und der Riese kommt ins Wanken.
Mit einem Freunde
bleibst du auch in der Not nicht allein.
Hast du ihn an deiner Seite, ja dann
packst du vieles viel mutiger an.
Und was dir unmöglich erscheint,
das schafft ihr vereint.

Manchmal reicht ein Freund nicht aus
eine große Furcht ganz zu besiegen.
Wenn du musst ins Krankenhaus
Und dort viele Tage liegen.
Wenn dir keiner helfen kann,
nicht einmal dein starker Vater.
Wer hilft deinen Sorgen dann?
Wen hast du dann als Berater?
Nie ganz verloren
Ist, wer Gott in der Nähe weiß.
Hast du ihn an deiner Seite, ja dann
packst du manches viel mutiger an.
Und was dir unmöglich erscheint,
das schafft ihr vereint.

Nach: Go down Moses

Altersgruppe: ab 8
Biblischer Bezug: Jer 29,1–4
Kirchenjahr: 21. Sonntag nach Trinitatis
Thema: Biblische Geschichte/Babylonische Gefangenschaft

Jeremia sandte Jojakim ein ernstes Gotteswort:
He König, das Land steht auf dem Spiel.
He König, du wagst viel zu viel.

Der König aber wütete, verbrannte Gottes Wort.
He König, nun ist verbrannt das ganze Land.
He König, zehntausend sind verbannt.

Nach Babylon in fremdes Land, da hat man sie gebracht.
He Jahwe, was sollen wir jetzt tun?
He Jahwe, ist das das Ende nun?

Jeremia sandte einen Brief, ein treues Gotteswort.
He Kinder, ich bleibe euch ganz nah.
He Kinder, bin in der Fremde da.

Wenn ihr von ganzem Herzen sucht, dann findet ihr mich auch.
He Kinder, will euch ein Vater sein.
He Kinder, seid niemals mehr allein.

Lied nach Gerhard Schönes: „Der Märchenprinz“

Altersgruppe: ab 8
Biblischer Bezug: Jes 60,1–6
Kirchenjahr: Epiphanias
Thema: Einander verstehen/
Es untereinander Licht werden lassen

Manchmal bleibt es ziemlich dunkel,
wenn ein Großer schreit.
Ängstlich traut man nichts zu sagen,
und man wünscht sich weit.
Kann das Schimpfen nicht verstehen,
denkt sich nur: Gemein!
Doch wenn es dann still geworden,
möcht’ man klüger sein:

Jetzt müsste ein helles Licht scheinen
und zeigen, was alle versteh'n.
Das leuchtete Großen und Kleinen,
damit wir auch nichts überseh'n.

Manchmal bist du ganz alleine
und hast große Angst.
Möchtest dich ganz tief verstecken,
weil du so sehr bangst.
Wünschst Dir einen Freund im Dunkel,
der die Hand dir hält,
der nicht über deine Angst lacht,
sondern dir erzählt.

Gleich wird ein helles Licht scheinen,
und jeder, der es für sich sieht.
Wird Lachen auch nach langem Weinen,
weil jetzt alle Finsternis flieht.

Manchmal sind Gedanken finster,
weil du da entdeckst,
dass du etwas falsch gemacht hast
und davor erschreckst.
Suchst' nen Grund dich rauszureden,
willst es wäre nicht.
Doch du merkst es wird nicht besser,
und du suchst nach Licht.

Jetzt müsste es dir einer sagen:
ich habe dich trotzdem sehr gern.
Dies Licht, es könnte dich tragen
und wäre im Dunkel dein Stern.

Nach dem Kinderlied: Eisenbahn

Altersgruppe: ab 5
Biblischer Bezug: Mt 28,18–28 und Mk 10,13–16
Kirchenjahr: Taufe/Taufgedächtnis
Thema: Einer, der hilft groß zu werden!

Gott kommt an; Gott kommt an.
Er kommt bei den Kindern an.

Gibt die Hand, gibt die Hand.
Macht sich uns bekannt.

Führt uns dann, führt uns dann
Hilft zu werden, was man kann.
Und tut gut, und tut gut
für zu kleinen Mut.

Nie allein. Nie allein.
wirst als Gotteskind du sein
Er dich hält. Er dich hält
und die ganze Welt.

Sanft und leis', sanft und leis',
manchmal wie es keiner weiß,
sagt er dir, sagt er dir:
Du gehörst zu mir.

Laut er spricht, laut er spricht,
wenn du einmal hörst Ihn nicht:
Komm zurück. Komm zurück.
Ich will doch dein Glück.

Segensreich, segensreich,
sei nun deine Taufe gleich.
Das du bist, das du bist,
gleich ein kleiner Christ.

Nach: Die Spinne Martha (auf CD Lutz Görner) – Rock and Roll

Altersgruppe: ab 5
Biblischer Bezug: Jes 58,7–12
Kirchenjahr: Erntedank
Thema: Teilen

Nach einem Sprechtext wird der Liedtext als Rock and Roll gesungen.

SPRECHTEXT:
Vier Kinder, sehr verschieden, die lockte etwas an,
es war so herrlich lecker, was sie da vor sich sah'n:

1. LIEDTEXT:

Ein großes Stückchen Kuchen
auf einem kleinen Tisch,
das wollten vier versuchen,
denn es roch so herrlich frisch, … so herrlich frisch

SPRECHTEXT:

Der Erste, groß gewachsen, der tritt ganz nah heran,
erklärt kurz allen andern, warum er's essen kann:

1. LIEDTEXT:

Ich bin der Allergrößte,
was jeder sehen kann.
Ich werd den Kuchen essen,
denn ich bin fast ein Mann, … bin fast ein Mann.

SPRECHTEXT:

Die Zweite, ist ein Mädchen, mit niedlichem Gesicht,
Sie sagt: Ich darf es essen, die andern aber nicht:

1. LIEDTEXT:

Ich bin die Allerschönste
wohl von der ganzen Stadt.
Ich werd' den Kuchen essen.
Dann bin ich richtig satt, … ja richtig satt.

SPRECHTEXT:

Der Stärkste reckt die Muskeln und ballt schon eine Faust.
Er ist wohl fest entschlossen, dass er das Stückchen maust:

1. LIEDTEXT:

Hier seht doch meine Kräfte.
Ich bin der stärkste Held.
Brauch' gar nicht lang zu fragen
Ich nehm' was mir gefällt, … was mir gefällt.

SPRECHTEXT:

Da kommt noch Mamas Liebling, der einfach nur laut schreit.
Mit seinem lauten Mundwerk, da kam er ziemlich weit:

1. LIEDTEXT:

Ich will es einfach haben.
und ihr, ihr dürft es nicht.
Sonst schrei' ich immer lauter,
bis ganz rot mein Gesicht, ja mein Gesicht.

Sprechtext:

Vier Kinder sehr verschieden, die wollten ganz allein
sich stopfen ein Stück Kuchen nur in den Mund hinein.

1. Liedtext wie 1.:

Danach Kinder fragen, ob es nicht eine Lösung gibt.

Sprechtext:

Da wurd' das Stück geteilt, denn das war nur gerecht,
denn so ein Riesenkuchen, davon wird *einem* schlecht.

1. Liedtext:

Ein großes Stückchen Kuchen
bewegt jetzt jeden Mund.
Denn viel allein zu essen
ist wirklich nicht gesund, ja nicht gesund.

Rap: „Spann das Segel deiner Seele“

Altersgruppe: ab 11–14
Biblischer Bezug: Mt 25,14–30
Kirchenjahr: Schulende/Ferienanfang
Thema: Langeweile/Stress

Drei Kinder können die Texte rappen.

1. Hey, ihr Leute, –
wisst ihr, wie das nervt,–
wenn sich die Schule – zum Zeugnis hin verschärft?

2. Wenn alle Lehrer – zensurensüchtig scheinen,
und immer nur – das Beste für uns meinen.
Wenn sie dich stets – vom Lehrertisch anrüffeln,
bleibt dir nichts anderes – als immer nur zu büffeln.

3. Formeln, Vokabeln – und Merksätze raffen
und nicht einmal mehr – aus dem Fenster gaffen.
Sitzt wie genagelt – auf deinem Hosenboden,
um mathematische – Wurzeln zu roden.

1. Du willst doch – niemandem Sorgen bereiten
und durch das nächste – Klassentor schreiten.
Denn bist brav – und weniger cool,
winkt später mal – ein Beamtenstuhl.

2. Doch wenn verkündet – alle Abschlussnoten,
kannst du dich – von der Schule ausbooten.
Wie ein Englein – vom Ferienhimmel,
hörst du – das letzte Stundengebimmel.

3. Dann geht es raus – in den weiten Sommersegen,
dann kannst – auf faule Haut –du dich legen.
Dann bist du relaxt – und super entspannt
Hast deine Zeit – wieder voll in der Hand.

1. Doch nach paar Tagen – fehlt dir die Eile,
sitzt einfach rum – und hast Langeweile.
Hier geht nichts ab, – sagt du voll genervt,
und deine Laune – ist ganz schön verschärft.

2. Dann kann es sein, – dass ein Engel erscheint,
der es besonders – gut mit dir meint.
Der sagt dir dann, – du musst dich besinnen
und deine Träume – nur richtig ausspinnen.

3. Nimm die Idee – vom Kopf in die Hand,
reise hinein – in ein anderes Land,
in dem Gedanken – wie Vögel frei fliegen
und die Worte –: „Es geht nicht“ besiegen.

1. He, es sind Ferien, – geh auf große Fahrt,
lös' deine Leinen – für den großen Start.
Höre sie laut rufen, – deine große Lust.
Verstand ohne Geist – das macht oft nur Frust.

2. Setze deine Segel – in jenen Wind,
mit dem große- Sehnsucht beginnt.
Lass dir nicht sagen: – Träume sind schwach!
Sie halten dir – erst den Geist richtig wach.

3. Also, ihr Leute, –
dass euch nicht – etwas ganz Großes fehle,
spannt es ganz weit – das Segel eurer Seele.

IV. Narrative Predigten

Selbst im Familiengottesdienst beginnt mit der Predigt manchmal jene Phase, in der Eltern und Kinder in Konflikt geraten. Aufmerksam und still möge das Kind sein, und wenn es das nicht ist, setzen zuweilen jene Aktionen der Eltern ein, die dem Kind beweisen, dass Mutter oder Vater von ihm verlangen, was sie selber auch nicht tun. Denn sind die Eltern still und aufmerksam, so überträgt sich das in der Regel auch auf die Kinder.

Natürlich ist es von nicht unerheblicher Bedeutung, was da vom Pfarrer erzählt wird. Es ist nicht immer leicht, Kinder mit Worten zu fesseln. Aber alles auf eine Welt zu schieben, in der Worte durch Bilder und Aktionen ersetzt werden, ist keine Lösung. Es gilt immer noch: Kinder hören gern zu. Sie erschließen ihre Welt durch das Wort. Über das Wort der Eltern baut sich Vertrauen auf. Das wird deutlich, wenn in bestimmten Phasen des Kindes eine Geschichte möglichst immer im selben Wortlaut erzählt werden muss. Die Gute-Nacht-Geschichte brauchen Kinder, um ruhig einzuschlafen. Kinder hören von Natur aus zu, wo ihnen das Wort lebendig begegnet. Von daher erschließt sich ein weites Feld für die narrative Predigt. Nichts Theoretisches wollen Kinder hören, sondern etwas Lebendiges, – etwas, das mit ihrem Leben zu tun hat. Wo dieser direkte Bezug fehlt, bringen sie schwer oder nicht zusammen, was die Worte des Mannes da vorn mit ihnen selbst zu tun haben. Wo Gottesdienste für Kinder angeboten werden, ist die Predigt zuweilen eine Schwachstelle. Zu theoretisch und zu abstrakt wird versucht in die Nähe der Kinder zu kommen. Dabei weiß jeder Vater, jede Mutter, wie gern Kinder Geschichten zuhören, die etwas mit ihrer Wirklichkeit zu tun haben. Ein Mädchen, das in einer Geschichte barmherzig handelt, ist ganz nah, während die Aufmerksamkeit eines Kindes kaum die ersten drei Sätze einer Erklärung über Barmherzigkeit überstehen wird. Im Gottesdienst mit Kindern ist der beste Platz für die narrative Predigt und sicher nicht nur da, wo wir etwas schwerwiegend Theologisches einfach erklären wollen.

Wie weit man das Interesse, das Dabeisein der Kinder trifft, kann deutlich an ihrer Reaktion abgelesen werden und ist vielleicht die ehrlichste Rückmeldung, die man für eine Predigt bekommt. Mit einer narrativen Predigt finde ich am ehesten Zuhörer in allen Generationen, und manchmal wird selbst bei Erwachsen zuweilen ein lange bewegtes Problem auf diese Weise verständlich gelöst. Mit Geschichten haben wir eine gute Möglichkeit, den zuweilen in den Predigten sehr theoretisch verkündeten Glauben wieder einleuchtend und lebendig zu machen. Vom Leben, vom Leben mit Gott und vom Leben im Glauben zu erzählen, das ist Ursprung und Weitergabe von Vertrauen. Hier kann die christliche Religion viel von der jüdischen lernen, jener Religion, in der Jesus Christus lebt und in deren großer Erzähltradition er seine Botschaft überbringt.

1. Trude findet ein neues Zuhause

Altersgruppe: ab 6
Biblischer Bezug: Lk 2 und Ex 14
Kirchenjahr: Advent/Weihnachten/Rogate
Thema: Flucht/Heimat/Vertrautheit

Manchmal erzählt Oma Trude von früher, von ganz früher, als Oma Trude noch ein kleines Trudchen war. Sie erzählt von Wiesen, die den Himmel berührten, von Kletterbäumen mit Ästen so dick, dass man auf ihnen tanzen konnte, oder von den köstlichsten Kirschen, wie sie sie ihr ganzes Leben nicht wiederbekommen hatte.

Wenn Oma Trude von früher erzählt, leuchten ihre Augen, als sehe sie sich auf dem Kletterbaum sitzen oder gerade beim Kirschenpflücken. Aber nach den leuchtenden Augen kommt immer ein langes Seufzen. Es ist, als würden Glück und Unglück in Omas Herzen ganz nah beieinander wohnen.

Wenn man dann versucht, Oma Trude zu trösten, kann man folgende Geschichte zu hören bekommen:

„Die Front kommt immer näher", hatte der Großvater der kleinen Trude eines Tages gesagt. Alle wussten damals, was diese Worte zu bedeuten hatten. Die Front, das war der Krieg mit Schüssen und Granaten, mit Panzern und Kanonen.

Und wo der Krieg hinkam, da konnte man nicht mehr wohnen, trotz des Kletterbaumes und der köstlichsten Kirschen.

„Die Front kommt immer näher", hatte der Großvater gesagt und das bedeutete: Sachen packen. Oft hatte man schon darüber gesprochen, aber jetzt war es plötzlich Wirklichkeit geworden, jetzt durfte man nicht mehr bleiben, wenn man sein Leben retten wollte. Immer wieder musste Trudchen die Tränen mit dem Ärmel wegwischen, um Baum und Wiese beim Lebewohlsagen mit klaren Augen sehen zu können.

Dann war sie ins Haus gelaufen, hatte ihren kleinen Koffer unter dem Bett vorgezogen, ihn mit dem liebsten Spielzeug voll gepackt und auf den Pferdewagen geschoben, auf dem Mutter und Großvater schon die wichtigsten Dinge aufgeladen hatten.

„Wenn alles vorbei ist, kommen wir zurück", versuchte der Großvater sich und all die anderen beim Abschied zu trösten. Aber irgendwie wussten alle, dass es ein Abschied für immer war. Ein Aufbruch ins Ungewisse war es.

Großvater, Mutter und Trudchen waren auf der Flucht. Sie waren ohne ein Zuhause. Wenn wenigstens Papa da gewesen wäre, aber der war in den Krieg befohlen worden.

„Jetzt kann uns nur noch Gott helfen“, hatte Großvater gesagt, und Trudchen hatte sich das gemerkt.

Immer wieder mussten sie abends an fremde Türen klopfen und um ein Nachtlager und etwas zu essen bitten. Und nur ganz selten wurden sie ohne Hilfe weiter geschickt. Vielleicht lag es daran, dass Trudchen in der Zeit vom Klopfen bis zum Öffnen der Tür, im Stillen immer betete: „Gott hilf uns, Papa ist im Krieg, wir haben kein Zuhause mehr, und Großvater sagt: Du allein kannst helfen“. Meist war es der Blick auf die kleine Trude, die den Leuten trotz Krieg und eigener bitterer Not das Herz weich machte.

Die Tage und Wochen vergingen, aber noch waren sie nicht angekommen, und wo sollten sie auch ankommen. Immer und immer wieder mussten sie weiterziehen. Jeden Abend betete Trudchen: „Gott gib uns ein neues Zuhause. Lass uns doch endlich ankommen.“ Doch am Morgen ging es dann weiter. Nur ein kleines Zimmer mit einem Ofen, nur ein Stück Brot oder ein paar gekochte Kartoffeln, mehr wünschte sich Trude nicht.

Inzwischen war aus dem freundlichen Herbst ein kalter, regnerischer und ungemütlicher Herbst geworden. Trudchen fror mächtig auf dem Pferdewagen. Auch wurde es früh dunkel, und wenn dann die erleuchteten Fenster zu sehen waren, wurde es allen besonders schwer ums Herz.

Wieder einmal musste an einer fremden Tür geklopft werden, wieder einmal wusste man nicht, ob die nächste Nacht für sie warm oder kalt, hungrig oder satt vorübergehen würde.

Als sich die Tür öffnete, konnte man durch den Flur bis in die Küche sehen. Auf dem Tisch stand ein Adventskranz, eine Kerze war angezündet und rings herum saßen drei Kinder mit leuchtenden Augen. Als Trudchen dies sah, schossen die Tränen in ihre Augen: Zuhause war die Kiste mit all den Weihnachtssachen, mit den Engeln und Glaskugeln, der Pyramide zurückgeblieben. All’ das Unglück der letzten Zeit begann aus den Augen der kleinen Trude überzulaufen. Keiner wusste, ob es Trudes Tränen, der Advent oder das gute Herz der fremden Frau waren, jedenfalls durften sie bleiben. Nicht nur eine Nacht, sondern solange sie wollten.

Das Weihnachtsfest des Jahres 1944 war für Trude ein ganz besonderes: In der fremden Kirche verstand sie die Weihnachtsgeschichte zum ersten Mal mit dem Herzen: „Gott war da, wohin man auch fliehen musste“.

Selbst auf der Flucht, in einem ärmlichen Stall, konnte er den Menschen ganz nah sein.

2. Zackerich Zack

Altersgruppe: ab 6
Biblischer Bezug: Gen 1,14–19 und Mt 2,2
Kirchenjahr: Epiphanias/Advent
Thema: Staunen können/Entdecken, was verborgen

Das ist die leuchtende Geschichte des finsteren Zackerich Zack.

Zackerich war nicht gerade der hellste Stern am Nachthimmel. Es gab Zeiten, da sah er ganz besonders finster auf die Welt herab, denn wer sollte ihn schon entdecken. Dann konnte man zweifeln, ob er wirklich ein Kind des Lichts war oder nicht vielleicht doch ein Kind der Dunkelheit.

Jedenfalls glimmte Zackerich ziemlich unauffällig vor sich hin. Und so ein Glimmerich wie er war gewiss kein Star unter den Sternen.

Doch nach den unabänderlichen Gesetzen des göttlichen Zu- und Einfalls war jedes Jahr ein Stern dazu bestimmt den Erdlingen dort unten heimzuleuchten. Und Heimleuchten, das hieß in der Sprache der Himmlischen, dass man den vielen kleinen eiligen und emsigen Gestalten auf der Erde den Weg zur wirklichen Weihnacht zeigen musste.

Die Ernennung zum Weihnachtsstern des Jahres war für die Sterne im Himmel ungefähr so ein Ereignis wie auf der Erde die Ernennung zum Nobelpreisträger. Sie fand sogar fast zur gleichen Zeit statt, hatte aber den kleinen Unterschied, dass man für die Ernennung zum Weihnachtsstern auch nicht die geringsten Leistungen erbringen musste.

So groß die Ehre auch war, kein Stern konnte sie sich verdienen. Bei den himmlischen Wesen geht es halt etwas anders zu als auf der Erde, sonst wäre ja auch der fast finstere Zackerich niemals Weihnachtsstern geworden.

Da stand er nun plötzlich als wichtigster Stern am Himmel und wusste nicht, wie ihm geschehen war. Natürlich leuchtete er vor Stolz ein wenig heller als zuvor, aber als Weihnachtsstern …?

So mancher wohlgeformter Himmelskörper voller Leuchtkraft und mit den besten Lichtwerten wunderte sich schon, dass solch einem Funzelstern diese Ehre zuteil geworden war. Aber der göttliche Ratschluss war nun mal der göttliche Ratschluss, da gab es nichts zu rütteln.

Zackerich setzte all seine Hoffnung auf die neugierigen Menschen. Irgendeiner von denen würde ihn schon entdecken. Und wenn dort unten erst einmal etwas neu entdeckt war, dann begann es in allen Augen zu leuchten. „Neu", das war das Lieblingswort der Menschen und dass sie neugierig waren, war bis hin zum Planeten Pluto bekannt.

Aber es wird Zeit zur Landung vom Nachthimmel auf die Erde anzusetzen, denn der zweite Teil unserer Geschichte spielt auf der Erde. Genauer gesagt bei Dr. W. Wunderkatz.

Dr. W. Wunderkatz war Wissenschaftler. Ein sehr geachteter Beruf auf der Erde, weil er viel mit der Neugier zu tun hatte. Doch jener Dr. Wunderkatz war wenig geachtet unter seinen Kollegen. Ja, einige grinsten sogar bis über beide Ohren, wenn sie ihn sahen. Normalerweise sprachen Wissenschaftler seiner Gattung von Galaxien, vom Urknall, von Sternen, die noch leuchteten, obwohl sie schon verloschen waren. Sie beeindruckten mit Milliarden von Jahren und mit Geschwindigkeiten, wo selbst jedem Rennfahrer die Spucke wegblieb.

Die Gelehrten der Astronomie gehörten zu den Leuchten der Wissenschaft und traten in mancher Fernsehsendung wie echte Stars auf, wenn sie allen erklärten, was sich keiner vorstellen konnte.

Bei Dr. Wunderkatz dagegen war das ganz anders. Der hatte nämlich die gesamte Fachwelt mit einer absolut unwissenschaftlichen Behauptung in großes Kopfschütteln versetzt. Er hatte behauptet, dass das ganze Weltall nur deshalb so unvorstellbar groß, weit und so geheimnisvoll sei, damit den Menschen die Märchen nicht ausgingen. Ja, er hatte sogar behauptet, ob man dort oben Engel oder ferne Galaxien sehe, wäre egal, denn schließlich bliebe beides doch beides sehr märchenhaft. Ob Lichtjahr oder Lichtgestalt, am Ende ging es für ihn eigentlich nur darum, dass die Menschen staunten.

Nach dem empörten Aufschrei der Wissenschaft war es dann aber wieder still um Dr. Wunderkatz geworden. Man strafte solche Querulanten allgemein mit Verachtung, denn das Schlimmste, was der allseits hoch geachteten Wissenschaft passieren konnte, war sich lächerlich zu machen.

So sah nun der allseits verachtete Dr. Wunderkatz ziemlich einsam durch sein Fernrohr und versuchte sein Staunen nicht zu verlieren. Mit seinem Blick an den sternendurchbrochenen dunklen Himmel wanderte auch die Phantasie des einsamen Mannes weit hinaus. So weit, dass sie sogar Zackerich, den Glimmerstern, berührte. Keinem anderen Wissenschaftler wäre dieser mickrige Stern am Himmel aufgefallen. Auf der Suche nach Sensationen rasten die Blicke der anderen Wissenschaftler mit Lichtgeschwindigkeit durchs All. Einzig jener Dr. W. Wunderkatz nahm sich Zeit, seinen Blick langsam wandern zu lassen. Und genau das war nötig, um den Weihnachtsstern dieses Jahres zu entdecken. Was nun passierte, war so verwunderlich wie natürlich:

Zackerich, endlich als Weihnachtsstern entdeckt, begann zu leuchten. Er leuchtete mit all seiner Kraft, weil er endlich nicht mehr übersehen worden war. Er blühte auf, wie eine Blume des Himmels. Es war, als würde sich etwas lange Verborgenes nun offenbaren. Heller, schöner, weiter als alle anderen Sterne leuchtete Zackerich, denn er war ja nun, Gott sei Dank, entdeckt am großen weiten Himmel.

Und unten auf der Erde?

Nun auch die anderen wichtigen Wissenschaftler konnten sich der großen Entdeckung des Dr. W. Wunderkatz nicht verschließen. Zunächst versuchten sie diesem eigenartigen Himmelsphänomen eine der üblichen Erklärungen zu geben: Von unvorhersehbarer Energieentladung, von galaktischer Lichtexplosion und von der Umkehrreaktion der schwarzen Löcher sprachen sie auf ihren Fachtagungen.

Aber so recht wollte das keiner mehr hören. Denn es war ja wieder einmal nicht mehr weit bis Weihnachten. Und dass der himmlische Vater zuweilen auch Sterne nutzt, um sich tief zur Erde zu neigen, das war so märchenhaft, so wunderbar und so geheimnisvoll, dass die Menschen wie immer ganz still wurden und staunten, wie Gott uns manchmal ein Licht aufgehen lässt.

3. Der Weihnachtseinbrecher!

Altersgruppe: ab 6
Biblischer Bezug: Mt 10,40–42
Kirchenjahr: Advent
Thema: Einsamkeit/Generationen

Weihnachten ist das schönste Fest von allen! Das sagen die meisten Leute. Aber das gilt nicht für alle. Denn Weihnachten kann man sehr, sehr einsam sein. Hört die folgende Geschichte!

Weihnachten war immer schrecklich. Am schlimmsten war der Heilige Abend. Hedwig hatte sich angewöhnt, an diesem Tag schon um 18.00 Uhr ins Bett zu gehen. So waren diese schweren Stunden am besten zu überstehen. Augen zu und darüber hinweg schlafen. Das war die einzige Möglichkeit. Hedwig Hansen war nun schon 85 Jahre und seit 65 Jahren allein. Das letzte fröhliche

Weihnachtsfest war 1942. Da hatte der Mann Urlaub von der Front bekommen, denn damals war Krieg. Beide hatten geträumt, was alles sein würde, wenn dieser Krieg hoffentlich bald zu Ende wäre. Kinder wollten sie haben und ein Häuschen mit Garten. Doch Hedwig hatte ihren Fritz und ihre gemeinsamen Träume leider nur im Herzen bewahren können, denn Fritz musste in den Krieg zurückkehren, und von da war er nie mehr zurückgekehrt. Lange hatte sie gewartet, dass es wieder Weihnachten würde. Aber irgendwann kam ein amtlicher Brief, in dem stand, dass ihr Mann Fritz Hansen verschollen sei. Natürlich hieß verschollen nicht tot, und man konnte noch hoffen, aber irgendwann ist der Vorrat dafür aufgebraucht.

Vielleicht war die Hoffnung zu klein oder die Liebe zu Fritz zu groß, jedenfalls geheiratet hatte Hedwig Hansen nicht mehr. Natürlich hätte sie gern Kinder gehabt, aber dieser Traum war im Krieg verschollen. Trotzdem hatte sie viel mit Kindern zu tun, denn sie war Köchin in einer Schulküche geworden. Da hatte sie am Tage mehr Kinder um sich, als sie je zu Hause hätte haben können. Und weil sie Kinder gern hatte, hatten sie die Kinder auch gern. Als sie in den Ruhestand ging, kam der Schulchor sogar in ihre kleine Wohnung. Aber dass war ja nun auch schon 25 Jahre her. Manchmal war sie anfangs noch zur Schule gegangen, aber Kinder gehen zur Schule, um sie eines Tages zu verlassen, und als kein Kind mehr da war, dass die Köchin Hedwig kannte, da wollte sie nicht nur zu den Erinnerungen laufen.

Wenn alles seinen üblichen Gang ging, konnte man das Alleinsein aushalten. Man ging zum Kiosk und in den Laden. Man konnte sogar in ein Lokal oder in ein Kaffee gehen oder einfach bei der Nachbarin klingeln. Aber Weihnachten war das alles unmöglich. Alle wollten mit ihren Lieben zusammen sein, und dann blieben halt die übrig, die keine Lieben hatten.

Zu keiner Zeit des Jahres konnte man so allein sein wie zu Weihnachten. Hedwig war es manchmal, als würde sich ihr Zimmer mit Watte füllen, in der sie spurlos für alle verschwand. Es war ihr als könne man in dieser Weihnachtswatte ersticken. Aber bevor diese gräulichen Weihnachtsgedanken aufkamen, wollte sie schon im Bett sein und schlafen.

So hatte sie sich wie jedes Jahr früh bettfertig gemacht, hatte das Glas Wasser und die Schlaftablette auf den Nachttisch gelegt und wollte gerade das Licht löschen, als sie draußen ein Geräusch hörte. So als mache sich jemand an ihrer Tür zu schaffen.

Angst vor der Einsamkeit, ja, die hatte Hedwig, aber Angst vor Einbrechern, die hatte sie nicht. Leise schlich sie zur Tür, um den

Unhold auf frischer Tat zu überraschen. Ja, jetzt hörte man es ganz deutlich, da war jemand auf der anderen Seite der Tür. Fast lautlos drehte sie den Schlüssel im Schloss und riss die Tür mit einem Ruck auf.

Da war er! Der Dieb, der Einbrecher, der Weihnachtsruhestörer! Frau Hansen erwartete gleich einem großen Strolch zu begegnen.

Aber war der, den sie jetzt sah, dafür nicht zu klein?

Und was da vor der Tür lag, war auch kein Einbrecherwerkzeug. Es war ein bunter Teller, so wie ihn Hedwig vor 80 Jahren als Kind zu Weihnachten bekommen hatte. Der Junge, der vielleicht 6 oder 7 Jahre alt war und mit seinen Eltern in der Wohnung unter ihr wohnte, sagte nur: „Für dich, Oma Hansen, weil du immer so nett bist“. Jetzt begann es von unten aus der Wohnung unruhig zu werden. Jemand rief laut ins Treppenhaus: „Timiii!“ Und etwas leiser: „Wo steckt er denn, der Junge kann doch nicht mitten im Weihnachtsfest verschwinden?“

„Ich bin hier oben bei Oma Hansen“, rief Timi durch das Treppengeländer zurück. Nach und nach kam die ganze Familie von unten die Treppe hinauf. Und einer nach dem anderen verstummte, als er die alte Frau im Nachthemd vor der Tür sah. Dann fasste sich Timis Mutter ein Herz und frage: „Frau Hansen, wollen sie sich nicht wieder anziehen und mit uns unten feiern?“ Eigentlich wollte Frau Hansen abwehren und etwas von nicht stören sagen. Aber als Timi so richtig von Herzen seufzte: „Oh ja, das wäre schön!“, konnte sie gar nicht anders, als zu sagen: „Ich komme!“.

Nach sehr langer Zeit wurde es für die alte Frau Hedwig Hansen wieder mal ein richtig schönes Weihnachtsfest und das hatte sie dem kleinen Engel Timi zu verdanken, der ihr seinen Weihnachtsteller vor die Tür stellen wollte.

4. Ach du Liebe Zeit

Altersgruppe: 6
Biblischer Bezug: Pred 3/Lk 17,20–24
Kirchenjahr: Advent/Weihnachten
Thema: Eile/Zeit/Zeitpunkt

Liebe Kinder,
ein jegliches hat seine Zeit, und alles Vorhaben im Himmel hat seine Stunde. Immer müssen wir irgendwann irgendwo sein. Und wenn wir zu spät kommen oder etwas verpassen, macht uns das

traurig. Doch hin und wieder, wenn etwas ganz anders kommt, als wir gedacht haben, fällt es uns wie Schuppen von den Augen. Dann stellen wir verwundert fest: So wie es gekommen ist, hätte es nicht richtiger kommen können.

„Ach du liebe Zeit …“ war einer der Sprüche, die ziemlich selten über die Lippen von Florian Sembretzki kamen. Doch wenn er diese vier Worte gebrauchte, dann war wirklich etwas sehr, sehr Unvorhergesehenes geschehen.

Florian Sembretzki war nämlich Logistiker. Er war der Mann, der organisierte, dass etwas zur rechten Zeit am rechten Ort war.

„Die 300 Stollen müssen morgen vor ½ 8 in die Kaufhalle nach Hoppstädt“. „Spätestens um 3 Uhr müssen die Weihnachtsgänse im Kühlhaus der Fleischerei Hähnlein sein“ oder „Ihr könnt die Weihnachtsmänner nicht erst am 27.12. liefern“.

Solche und andere wichtigen Sachen bestimmte Florian Sembretzki den ganzen Tag am Telefon. Alles hatte seinen Ort und seine Zeit, und er war der Mann dafür, dass die Weihnachtsmänner nicht im Kühlhaus der Fleischerei landeten und möglicherweise erst zu Ostern in die Kaufhalle Hoppstädt kamen.

Herr Sembretzki liebte seine Aufgabe. Und wenn beispielsweise die Stollen Punkt ½ 8 Uhr an der Ladeklappe der Kaufhalle vorgefahren kamen, schnipste er mit den Fingern und sagte stolz: „Wieder mal perfektes Timing“. Gerade jetzt in der Weihnachtszeit hatte er manchmal sogar zwei Telefone in der Hand. Selten kam er pünktlich nach Hause. Ihm war wichtiger, dass all die Weihnachtssachen auf den Punkt genau ankamen. Gerade, wenn alles der Zeit hinterherlief, war er ein gefragter und wichtiger Mann. Und so war es natürlich auch noch am 24. Dezember. Allein der Vormittag war mit der Arbeit eines ganzen Tages gefüllt. Doch um 16.00 Uhr wollte Herr Sembretzki mit dem letzten Zug an diesem Tag nach Hause zu seinen Eltern fahren. Er war allein stehend und fuhr Weihnachten immer nach Hause. Mit offenen Mantel und offener Aktentasche versuchte er um 15.45 Uhr sein Büro abzuschließen. Dabei stellte er sich in der Eile etwas ungeschickt an und aus der Tasche rutschten alle wichtigen Briefe, die noch zur Post sollten. Eilig warf er sie in die Tasche zurück. Am Briefkasten war er so freundlich einer alten Frau ohne Brille noch die Leerungszeiten vorzulesen. Aber auch das kostete wichtige Zeit. Florian hatte zwar tausende Weihnachtsmänner überall hingeschickt, aber jetzt fehlten ihm zwei kleine Weihnachtsmänner als süße Beigabe für die Geschenke seiner Eltern. Es war zwar schon 15.51, aber was sollte er die fast 10 Minuten wartend auf dem Bahnhof verbringen. Kaum 100 m vom Bahnhof entfernt war ein noch nicht geschlossenes Süßwarengeschäft, das konnte er noch gut schaffen. Und wenn er dabei sprintete, hatte er selbst am Heiligen Abend noch etwas Ausgleichssport.

Im Süßwarenladen war die Verkäuferin gar nicht mehr auf Kundschaft eingestellt. Sie war schon mit dem Saubermachen beschäftigt. Als sich Herr Sembretzki vornehm räusperte, sagte sie. „Einen Moment, wer bis jetzt Zeit gehabt hat, der kann diesen Moment auch noch warten. Schließlich fragte sie: „Was soll's denn noch sein, junger Mann?"

„Zwei Schokoladenweihnachtsmänner", sagte er nur kurz.

„Die sind schon aus dem Sortiment, aber hinten liegen noch welche. Ich hol' sie ihnen, weil ja Weihnachten ist. Einen Moment."

Herr Sembretzki konnte diese zwei Worte kaum noch ertragen. Am liebsten wäre er aus dem Laden gerannt, aber es war Weihnachten, und da hatte man höflich und friedlich zu bleiben.

Es war 15.59 als er den Laden verließ. Möglicherweise hat Herr Sembretzki an diesem 24. Dezember einen neuen Weltrekord im 100-Meter-Lauf aufgestellt, dazu mit Aktentasche und im langen Mantel. Aber alles half nichts, als er in den Bahnhof stürzte, sah er nur noch die roten Schlusslichter hinter dem Ausfahrtssignal.

Sein Zug war abgefahren. Und es war der letzte. Herr Sembretzki setzte sich keuchend in die Wartehalle, und als er wieder etwas zu Atem kam, sagte er jene vier seltenen, aber bedeutungsvollen Worte: „Ach du liebe Zeit."

Jetzt war er, der tagaus tagein dafür sorgte, dass alles zur rechten Zeit am rechten Ort war, selber zur falschen Zeit am falschen Ort.

Gedankenverloren begann er einen von den eben gekauften Weihnachtsmännern auszuwickeln. Gerade als er kräftig und vielleicht auch ein wenig ärgerlich zubeißen wollte, hörte er eine Stimme hinter sich:

„Entschuldigen Sie bitte, sind Sie eben mit dem Zug angekommen?"

Herr Sembritzki drehte sich um. Vor ihm stand ein Junge von fünf vielleicht sechs Jahren.

„Nein, ich wäre ganz gern mit ihm abgefahren", sagte er, und als der Junge daraufhin ein ziemlich trauriges Gesicht machte, bot er ihm ein Stück vom Weihnachtsmann an.

„Schade und danke", sagte der Junge.

Und nach einer Weile: „Das war wohl der letzte Zug für heute?"

„Ja, leider Gottes", seufzte Herr Sembretzki, und ebenso seufzte der Junge.

Der Mann sah den Jungen einen Augenblick an. Wen hatte er erwartet, und warum ging er nicht nach Hause. Es war doch Weihnachten?

„Wen hast Du denn erwartet?"

„Meinen Papa", sagte der Junge nur.

„Und warum gehst du jetzt nicht nach Hause? Bald ist die Christvesper und danach doch sicher Bescherung. Mutti warte doch!"

„Es gibt kein Zuhause und eine Mutti auch nicht?", sagte der Junge etwas trotzig.

„Wie?", staunte Herr Sembretzki und reichte noch ein Stück Schokoladenweihnachtsmann herüber. Langsam und stockend begann der Junge zu erzählen.

„Die Großen im Heim haben gesagt, dass man zu Weihnachten bekommt, was man sich wünscht. Und ich habe mir gewünscht, dass mein Papa kommt."

„Du bist hier aus dem Kinderheim?", fragte Herr Sembritzki.

„Hmm", sagte der Junge.

„Weggelaufen?" fragte Herr Sembretzki.

„Hmm", sagte der Junge.

„Und was nun?"

Der Junge zog traurig die Schulter hoch.

Beide saßen still auf der Bahnhofsbank und sahen, wie der Zeiger der Uhr ein mit einem kleinen Klick ein Stück vorrückte. Irgendwo draußen begannen die Glocken zu läuten.

Jetzt machten sich die Familien auf zur Kirche um das Krippenspiel zu besuchen.

„Wie heißt du denn?" fragte Herr Sembretzki.

„Sven! Und du?"

„Florian"

Über das Gesicht des Jungen huschte ein kleines Lachen.

„Was ist?"

„Naja, Florian!"

„Wie heißt denn dein Vati?"

Der Junge zuckte nur mit den Schultern.

„Du weißt nicht, wie dein Vati heißt?", fragte Herr Sembritzki erstaunt.

„Ich hab ihn ja noch nie gesehen", seufzte der Junge.

„Ach so."

Dann war es wieder lange still im Wartesaal. Zum zweiten Mal läuteten die Glocken. Plötzlich nahm Herr Sembritzki die Hand des Jungen und sagte: „Na, dann woll'n wir mal." Der Junge schaute ihn mit großen Augen an.

„Na, zur Christvesper.“ Der Junge wusste nicht, was er von diesem Vorschlag halten sollte.

„Nun komm schon Sven!“, sagte Herr Sembretzki. Und er sagte es so, als ob sie sich schon eine lange Zeit kannten. Kurz vor der hell leuchtenden Kirche ergriff der Junge die Hand des Mannes. Dann fragte er zweifelnd: „Und du hast wirklich deinen Zug verpasst?“

Und zum zweiten Mal an diesem Tag sagte Herr Sembretzki: „Ach, du liebe Zeit“ und er sagte es diesmal gar nicht vorwurfsvoll, sondern er betonte das Wort „liebe“. Obwohl er ja ein Fachmann war, wunderte er sich: Er war, so staunte er, noch nie in seinem Leben, so zur rechten Zeit am rechten Ort gewesen und das, obwohl er das ganz anders geplant hatte.

5. Wenn ein Licht aufgeht!

Altersgruppe: 8
Biblischer Bezug: Lk 15,11–32
Kirchenjahr: 3. Sonntag nach Trinitatis/Epiphanias
Thema: Vertragen/Übelnehmen/Weglaufen

„Gemein und ungerecht sind sie! Immer müssen sie über alles bestimmen. Und er? Er darf immer nur der liebe brave Junge sein. Oh, wie gemein! Und dabei sind es seine Eltern! Aber sie werden schon sehen, was sie davon haben.

Mit diesen düsteren Gedanken geht Lorenz durch die Straßen. Jeder Schritt bringt ihn ein Stück weiter weg; weg von dem blöden Zuhause, wo immer nur seine Eltern Recht haben.

Inzwischen ist es auch draußen dunkel geworden. Und kalt ist es. Eiskristalle spiegeln das Licht der Straßenlaternen.

Vor ein paar Tagen hatte in der Zeitung gestanden: Erster Kältetoter in diesem Winter. Lorenz hatte den Anfang des Artikels gelesen. Der stadtbekannte Obdachlose Werner B. war hier draußen in der Nacht erfroren. Der Reporter hatte geschrieben: Werner B. war jeden Morgen nur noch für den nächsten Schnaps aufgewacht. Mehr Sinn gab es in seinem Leben nicht mehr.

Der zweite Kältetote in diesem Winter würde jedenfalls Lorenz Brauer heißen.

Und vielleicht würde der gleiche Reporter von einem enttäuschten zehnjährigen Jungen schreiben – einem Jungen, der an der Ungerechtigkeit erfroren war.

Bei diesen Gedanken stiegen Lorenz schon einmal die Tränen in die Augen.

Wenn Mutti und Vati das morgens in der Zeitung lesen würden, dann würden sie endlich bereuen, was sie getan hatten. Sie würden begreifen, wie gemein und ungerecht sie waren, wie sie immer über ihn bestimmt hatten und wie er immer nur der liebe brave Lorenz sein musste. Endlich würden sie alles begreifen, aber dann war es zu spät.

Lorenz zieht jetzt durch die Lange Straße. Hier sind die meisten Geschäfte der Stadt. Eine Verkäuferin, die gerade ihren Laden abschließt, sagt freundlich:

„Na Kleiner, für dich wird es jetzt auch langsam Zeit nach Hause zu gehen.“ Ich gehe nie wieder nach Hause, denkt Lorenz, sagt aber nichts.

Die große Geschäftsstraße leert sich jetzt. Verkäufer und Einkäufer laufen eilig in ihre warmen, hellen Wohnungen. Lorenz hat sich auf eine Bank gesetzt.

Er friert und stellt sich vor, wie die Verkäuferin nach Hause kommt, wie sie ihre Sachen an die Garderobe hängt und wie ein Kind in den Flur gelaufen kommt und wie sie es in den Arm nimmt. Lorenz Mutti ist auch Verkäuferin, und er weiß wie Verkäuferinnen nach Hause kommen. Über Lorenz rote Wangen laufen dicke Tränen.

Er will und will nicht nach Hause.

Er hat seine Eltern lieb und ist seinen Eltern böse.

Er will endlich einmal stark sein und fühlt sich so schwach.

Die heißen Tränen werden kalt auf der Haut, und Lorenz wischt sie mit dem Ärmel vom Gesicht. Er sieht wie einer der Obdachlosen, der ganz in der Nähe gebettelt hat, nun seine Sachen zusammensucht. Er kommt auf ihn zu. Es ist kaum noch einer unterwegs in der Langen Straße. Lorenz will davonlaufen.

Das verquollene Gesicht unter der Kapuze, der schwere Gang, und was man so über die Penner erzählt, machen ihm im ersten Augenblick große Angst.

Aber dann hört er eine raue, mitleidige Stimme.

„Na, Alter! Du hast doch Probleme“ sagt das Kapuzengesicht freundlicher, als er gedacht hatte. Lorenz sagt erst einmal nichts. Er wartet ab. „Hab' gesehen, wie du deine Tränen abgewischt hast!“, versucht der Mann mit Worten ein bisschen näher an Lorenz heranzurücken.

Vom Alter her könnte er Lorenz Vater sein. Ob so einer auch Kinder hat?

„Ist schon wieder gut", sagt Lorenz, und er sagt es wie einer, der sich vorgenommen hat, tapfer zu sein.

„Kummer kann einen ganz schön einsam machen. Plötzlich ist man ganz allein auf der Welt", sagt der Fremde. Er sagt es so, als würde er Lorenz sehr gut kennen. Aber Lorenz will nicht über sich reden. Möglicherweise bringt ihn diese komische Mann nach Hause, und dann würden Mutti und Vati vorwurfsvoll sagen: So weit ist es nun gekommen!

„Kanntest Du diesen Werner, den, der erfroren ist", fragt Lorenz, um von sich abzulenken.

„Werner! Klar kannte ich den. Wir hier draußen müssen zusammenhalten, sonst geht es uns schlechter als schlecht."

„Trotzdem ist er erfroren?"

„Na ja, eigentlich genau darum?"

„Warum darum?", fragt Lorenz, der nicht ganz schlau geworden ist. „Werner konnte sehr schnell beleidigt sein. Eigentlich sind wir nachts immer in der Gruppe zusammen. Es gibt da ein paar Ecken in der Stadt, wo man auch bei klirrendem Frost gut über die Nacht kommen kann. Aber an diesem Abend gab es Streit, und Werner ist alleine losgezogen. „Ach ihr heruntergekommenen Penner", das ist das Letzte, was wir von ihm gehört haben."

„Na ja, wenn er so weggegangen ist, dann tut er euch jetzt vielleicht nicht so leid. Einer der so etwas zu einem sagt, um den muss man nicht traurig sein.", versucht Lorenz das traurige und sehr nachdenkliche Gesicht seines neuen Bekannten aufzuhellen.

„Ach, was denkst du. Werner konnte ein hervorragender Kumpel sein, aber eben auch ein hervorragendes Ekel. Wenn du etwas auf der Straße lernst, dann ist es das: Du musst alle so lassen, wie sie sind. Du darfst nicht über die Leute wütend werden, auch wenn sie dich ansehen wie einen dreckigen Hund, wenn sie dir nichts geben oder nur die Nase über deinen Anblick rümpfen."

„Aber es ist doch gemein!", ruft Lorenz, der den Obdachlosen ziemlich nett findet und ihn verteidigen möchte.

„Vielleicht, aber ändert man die Leute, wenn man über sie wütend ist. Weißt du, manchmal, wenn so einer mit feinem Anzug besonders angewidert und herablassend auf mich herabsieht, dann lächle ich ihn an. Und weißt du, was neulich passiert ist, da ist einer von denen zurückgekommen. Erst dachte ich, er würde mich wegjagen oder ein riesiges Fass aufmachen. Aber er hat mich auch angelächelt und einen 5,– €-Schein in meine Schale gelegt. Und du wirst es nicht glauben, die 5,– € habe ich bis heut nicht ausgegeben. Sie sind meine stille Reserve geworden." Lorenz ist sehr nachdenklich geworden. Er fragt nur: „Wie heißt du eigentlich?"

„Kalle", sagt der und ein wenig später nachdenklich: „Mit gut bürgerlichem Namen Karl Heinz Bergemann." Beide schweigen eine Weile nebeneinander auf der verlassenen Geschäftsstraße.

„Eigentlich eine recht einfache Methode!", denkt Lorenz laut. „Was?", fragt Kalle. „Na, das mit dem einfach nicht Übelnehmen."

„Ach so das! Ja, meistens funktioniert es!"

„Und, wenn nicht, dann muss man sich eben ganz große Mühe geben. Es ist doch schrecklich, wenn alles ganz dunkel und finster wird." Lorenz denkt dabei an seinen Streit mit den Eltern und an Werner, den erfrorenen Obdachlosen.

Er springt auf und sagt: „Ich muss jetzt schnell nach Hause!"

„Na dann." sagt Kalle.

Bevor Lorenz losläuft fragt er noch: „Bist du öfter hier. Und gehst du jetzt zu den anderen."

„Klaro!" sagt Kalle.

Lorenz läuft die Lange Straße nach Hause. Von unten sieht er das erleuchtete Fenster der Wohnung. Es ist, als wäre nach all der Finsternis in ihm ein Licht aufgegangen. Und irgendwann wird er seinen Eltern Kalle vorstellen – den Nichtübelnehmer und Lichtanzünder.

6. Familie Freudenreich

Altersgruppe: ab 6
Biblischer Bezug: Ex 16,2-3.11–18/Ex 32,7–14
Kirchenjahr: Rogate
Thema: Wünsche/Geschenke

Zur Familie Freudenreich gehörten fünf Kinder, deshalb nennt man sie kinderreich. Und wer in diesem Land kinderreich ist, der wird selten steinreich. Eine ständig laufende Waschmaschine, 7 Fahrräder, 28 Schuhe – so viele, obwohl jeder nur zwei Paar hat, beim Ausflug 7 Portionen Eis und alle 4 Tage ein Einkaufswagen mit Turm oben drauf – das kostet eine Stange Geld. Nein, reich wird man mit fünf Kindern nicht. Aber da, wo fünf Kinder im Haus sind geht es oft einfallsreich zu. Dass Reichtum nicht immer etwas mit Geld zu tun hat, davon erzählt die folgende Geschichte.

„Es sind diese alten uncoolen Turnschuhe“, ruft Lars, der Jüngste der Freudenreichs, als er nach Hause kommt.

„Keiner in meiner Klasse muss die Turnschuhe seiner Brüder tragen. Kein Wunder, dass ich nicht gegen Uwe Bernhard gewinne“, schimpft er weiter, und jeder merkt, dass sich eine ganze Menge Ärger in ihm aufgestaut hat. Der Turnbeutel fliegt in die Ecke des Zimmers, und alles an Lars ruft in die große Familie hinein: „Mir reicht es!!!“

Verschränkte Arme. Weit vom Stuhl weg gestreckte Bein und ein Gesicht, das nur eines ausdrückt: Ärger! Ärger! Ärger!

Natürlich dauert es dann nie lange, bis einer zu dem Kleinen kommt und versucht ihn zu trösten. Aber heute ist das gar nicht so einfach.

Uwe Bernhard, sonst eigentlich hinter Lars Ehrenreich nur der zweitschnellste Läufer der Klasse, hatte das Laufduell an diesem Tag gewonnen. Und anschließend hatte er mächtig mit seinen Superturnschuhen angegeben.

„300,– €. Im Spezialgeschäft gekauft und genau auf ihn abgepasst“, gibt Lars dem größeren Bruder Armin wieder, was er nach seiner Niederlage erfahren hat.

„Tja, 300,– € sind ’ne Menge Geld. Sicher Wunderturnschuhe!“, seufzt auch der. Aber er tut dies mit so einem komischen Ton. Lars weiß, wenn sein Bruder Armin etwas auf diese Weise sagt, dann kommt meist noch eine Geschichte hinterher.

„Weißt du, als ich deine heute uncoolen Turnschuhe hatte, da war’n sie neu und ziemlich cool. Aber ich war bis dahin immer ziemlich schlecht im Laufen gewesen.“ erzählt Armin.

Lars schaut verwundert, denn er weiß, dass Armin einer der besten Läufer der ganzen Schule ist und immer zu den Wettkämpfen fahren muss.

„Auch bei mir hat es an den Schuhen gelegen.“ Lars horcht auf: „Also doch!“

„Wie gesagt, ich war ein ziemlich schlechter Läufer und anfangs waren es auch nicht die neuen Turnschuhe, die mich besser machten. Aber eines Abends änderte sich alles: Ich war noch einmal in der Küche, um einen Schluck zu trinken. Die Schlafzimmertür unserer Eltern war nur angelehnt, da habe ich gehört, wie Papa zu Mama gesagt hat: „Du bist gut. Da sparst du fast ein halbes Jahr auf diese heiß begehrten roten Schuhe, und dann ziehst du los und kommst mit Turnschuhen für Armin wieder.“ Mama sagte nur: „Ach, der Junge brauchte sie halt dringender.“ Damals bin ich sehr erschrocken schnell wieder ins Bett gekrochen: Mutti hatte für meine Turnschuhe auf ihre Traumschuhe verzichtet! Darüber musste ich lange nachdenken und konnte so lange nicht einschlafen, bis ich mir vorgenommen hatte, der beste Läufer der Schule zu werden."

Lars schweigt eine Minute. Dann fragt er: „Und wie hast du es geschafft?"

„Na, mit Training! Wenn du willst, können wir nachher auf den Sportplatz gehen." Lars schämt sich über das, was er über die Turnschuhe gesagt hat. Er weiß ja, dass der Preis der Turnschuhe nichts mit dem Läufer zu tun hat. Einen klugen Bruder und eine liebe Mutti, die kann man für kein Geld der Welt kaufen. Eins steht für Lars jetzt fest: Für die beiden würde er sogar barfuss gegen die 300,– € Wunder-Turnschuhe von Uwe Bernhard antreten.

7. Die vergrabene Zeit

Altersgruppe: 6
Biblischer Bezug: Pred 3/Gen 2.3
Kirchenjahr: Jubilate
Thema: Keine Zeit haben!

„Du, ich hab jetzt keine Zeit. Ich muss mich um das Essen kümmern. Geh' mal zu Papa!" Elfi zieht von der Küche ins Arbeitszimmer. Doch noch bevor sie etwas sagen kann ruft Papa:

„Du Elfi, lässt du mich mal zu Ende arbeiten. Papa schreibt einen ganz wichtigen Brief." Traurig macht Elfi die Tür zum Arbeitszimmer wieder zu. Nun bleibt nur noch Jörg. Der sitzt wie so oft vor dem Fernsehapparat und hat schon ganz große, fast viereckige Augen.

„Du Jörg!", fängt Elfi ganz vorsichtig an. Aber Jörg scheint gar nicht im Zimmer zu sein. Nur noch ein Bild von Jörg hängt im Fernsehsessel. All' seine Sinne, all' seine Gedanken, all' seine Aufmerksamkeit ist in dem kleinen schwarzen Kasten verschwunden.

„Du Jörg!", ruft Elfi nun ziemlich laut. Und so als wäre er aus einem Traum erwacht, kommt Jörgs Lebendigkeit aus dem Fernseher in das Wohnzimmer zurück.

„Stör' mich nicht. Du sieht doch, dass ich keine Zeit habe", schnauzt sie der große Bruder an, der manchmal auch richtig nett sein kann.

Elfi geht nach draußen, setzt sich auf die Treppe vor der Tür und ist sehr, sehr traurig.

Mutti, Vati und auch Jörg hatten die ganze Woche über getröstet: „Am Sonntag, da haben wir alle ganz viel Zeit, und dann spielen wir zusammen." Nun war Sonntag, und alle schienen ihr Versprechen vergessen zu haben. Alle behaupteten, sie hätten keine Zeit.

Elfi war tieftraurig. Sie hatte sich so viel ausgedacht, und nun war einfach keine Zeit. Traurig wie bei einer Beerdigung war Elfi. Genau wie damals bei Oma Betti, als alle am Grab Abschied von ihr nahmen.

Elfi sieht nach der Uhr. Es ist schon 11.00 Uhr. Dieser Sonntag ist so super doof, dass es eigentlich auch schon wieder Montag sein könnte.

Doch plötzlich schießt Elfi eine wundersame Idee durch den Kopf.

Hatten nicht alle, Mutti, Vati und auch Jörg gesagt: „ICH HAB JETZT KEINE ZEIT!"

Schnell läuft sie durchs ganze Haus. Im Wohnzimmer ist es am einfachsten. Jörg merkt gar nicht, als sie die große Uhr von der Wand nimmt. Die zwei Wecker im Schlafzimmer sind auch nicht schwer. Nur für die Küchenuhr braucht sie etwas Geduld. Doch als Mutti die Kartoffeln hereinholt, ist der Augenblick günstig. Husch, auf den Stuhl und schon ist die weiße Küchenuhr im Einkaufsbeutel verschwunden. Nun noch Papas Armbanduhr aus dem Bad holen, denn dort lässt er sie sonntags meist liegen, und schon ist der erste Teil von Elfis Plan in die Tat umgesetzt.

Mit einem Einkaufsbeutel, aus dem es in den verschiedensten Tonlagen tickt, verschwindet Elfi im Garten. Hier gräbt sie ein tiefes Loch und legt eine Uhr nach der anderen hinein und jedes Mal sagt sie „Keine Zeit. Keine Zeit. Keine Zeit …"

Als Küchen-, Wohnzimmer-, Armbanduhr und auch die zwei Wecker im Uhrengrab verschwunden sind, läuft Elfi ins Haus zurück.

„Ich weiß, ihr habt keine Zeit, aber wenigstens zur Beerdigung müsst ihr kommen!"

So ruft es Elfi in die Küche, ins Arbeits- und Wohnzimmer. Und obwohl sie die Türen nach ihrem Ruf gleich wieder verschlossen hat, dauert es nur Sekunden bis alle Türen wieder geöffnet werden und drei Gesichter erscheinen, die wie Fragezeichen mit Ohren aussehen.

Elfi ruft nur: „Kommt mit!"

Und so als wären Mutti, Vati und Jörg völlig von der Verwunderung ergriffen, trotten die drei Großen dem kleinen Mädchen hinterher. Mitten im Garten vor einem Erdhügel bleibt der seltsame Zug stehen. Wie sie es bei der Beerdigung von Oma Betti gehört hat, fängt Elfi an: „Wir sind hier zusammengekommen, um Abschied zu nehmen von der Zeit…“

Dann weiß Elfi nicht mehr weiter, und die Trauergäste nutzen die Gelegenheit ins Grab zu sehen. Als Papa sofort auf die Knie fällt, um seine teure Uhr zu retten, spiegelt sich sein Gesicht im Glas eines Weckers, und er wird sehr, sehr nachdenklich.

Obwohl dieser Sonntag eigentlich erst richtig mit einer Beerdigung begann, wurde er einer der lustigsten und schönsten Sonntage der Familie seit langer Zeit.

8. Der neue Bund

Altersgruppe: ab 6 Jahre
Biblischer Bezug: Jer 31,31–34
Kirchenjahr: Exaudi
Thema: Beziehungen der Generationen/Geld verdienen/ Freundschaft Vertrauen/Finanzkrise

Liebe Kinder, liebe Gemeinde,
Die folgende Geschichte erzählt, wie aus zwei Vertragspartnern Freunde werden. So ähnlich stellt sich Jeremia auch das neue Verhältnis zwischen Gott und seinem Volk einmal vor. Man tut etwas für den anderen, nicht weil man dafür belohnt wird, sondern weil man ihn sehr gern hat. Aber hört die Geschichte:

Tobias greift in seine Hosentasche. Seine Hand badet in Eurostücken. 40,– € in Münzen sind eine ganze Menge Geld für einen, der gerade mal 12 Jahre ist. Dabei sind die 40,– € nicht etwa Taschengeld. Das erhält Tobias eher dürftig und unregelmäßig. Nein, die 40,– € sind ehrlich verdientes Geld. Tobias ist seit ungefähr fünf Wochen Geschäftspartner. Mit einem richtigen Vertrag und zwei Unterschriften. In dem Vertrag steht: „Zweimal in der Woche, montags und freitags, kommt Tobias Schwert zu Herrn Ulrich Billing und liest ihm jeweils eine Stunde aus Zeitungen vor. Der Stundenlohn beträgt 4,– €.“

Tobias liest gern, und dass er jetzt sogar noch Geld dafür bekommt, ist ein richtiger Glücksfall.

Am Zeitungskiosk hatte ihn Herr Billing in der Schlange angesprochen. „Kannst du mir mal helfen?“, hatte er gesagt. „Meine Augen sind ziemlich schwach.“ Und er hatte ihm seine Geldbörse hingehalten und gefragt: „Werden das noch 8,– € in Kleingeld?“

Tobias hatte kurz nachgezählt und gesagt: „Ja, das ist sogar noch mehr“. Dann hatte der ältere Herr „Danke“ gesagt und sich wieder umgedreht. Eigentlich wäre das alles nichts weiter als ein kurzer Moment mit ein paar flüchtig gewechselten Worten gewesen, wenn Tobias nicht anschließend immerzu überlegt hätte: Wenn er die Geldstücke nicht erkennen kann, wie will er dann die vielen Zeitungen lesen, die er unterm Arm hat? Vielleicht liest er mit einer extra großen Lupe. Aber das ist sehr mühselig. Vielleicht schaut er sich nur die Bilder an, oder er hat eine Frau, die ihm vorliest? Irgendetwas in Tobias zwickte und stichelte: „Frag' ihn. Sonst wird es für dich immer ein Geheimnis bleiben. Er hat dich schließlich auch angesprochen. Na los! Mach! Gleich ist er dran.“

„Darf ich sie auch mal etwas fragen?“, hörte sich Tobias wie einen Fremden fragen und staunte über seinen Mut. Der alte Mann drehte sich um, so als hätte er nur auf diese Frage gewartet und sagte: „Ja, bitte.“

Als Tobias die schwachen Augen und die vielen Zeitungen in den rätselhaften Zusammenhang brachte, hörte er zunächst nur ein Seufzen. Aber dann erfuhr er so viel von Herrn Billing, dass sie sich nach dem Bezahlen sogar noch auf die Parkbank setzen mussten, um ihr Gespräch nicht vorzeitig zu beenden. Tobias erfuhr, dass Herr Billing früher selbst bei einer Zeitung gearbeitet hatte und dass er aus alter Gewohnheit die Zeitungen kaufte, aber eigentlich nur noch die ganz großen Überschriften lesen konnte. „Die Augen, sie sind alt. Sie haben zuviel gesehen und sind müde geworden. Aber trotzdem ist die Neugier geblieben.“

Und so wie das Gespräch begonnen hatte, endete es mit einem Seufzen.

Erst hatte Tobias sich angeboten ab und zu einmal zum Vorlesen zu kommen. So ging es vielleicht vier Wochen. Aber nachdem Herr Billing zweimal vergeblich auf Tobias gewartet hatte, war dieser Vertrag aufgesetzt worden. „Junge Leute brauchen immer Geld und Pflichten. Alte Leute brauchen immer Neuigkeiten. Ich glaube, es ist ein guter Vertrag, denn er nützt beiden“, hatte Herr Billing gesagt, nachdem er unterschrieben hatte.

Auch heute war Tobias wieder auf dem Weg zu Herrn Billing. Aber vor seinem Haus stellten sich plötzlich drei größere coole Jungen vor Tobias auf.

„He, Taschenkontrolle!“, rief einer von ihnen. Tobias wurde in den Hofeingang geschubst.

„Eh, was wollt ihr von mir?“, konnte Tobias gerade noch sagen, aber da hatte ein anderer schon seinen Arm gepackt und nach hinten gedreht.

„Das werden wir gleich sehen, wenn wir deine Taschen kontrolliert haben!“, bekam er zur Antwort.

Einer der größeren Jungen griff in Tobias Hosentasche und rief: „Oh ich, glaube ich weiß, was wir wollen.“ Dabei holte er die erste Hand von Münzen hervor.

Tobias war so wütend, dass er anfing mit den Füßen zu stoßen. Aber es nützte ihm nicht viel. Er muss es geschehen lassen, wie die anderen seine Taschen leerten.

„Und wehe zu irgend jemanden ein Wort. Wir finden Dich!“, zischte einer der Räuber ganz dicht vor seinem Gesicht.

Gerade wollten die drei sich aus dem Staub machen, da war eine scharfe und feste Stimme zu hören: „Moment meine Herren! So nicht!“

Es war Herr Billing. Er hatte aus dem Fenster gesehen, was hier geschah und war heruntergekommen.

„He, Opa, halt dich da raus!“ rief einer der Großen.

„Zu spät, meine Herren. Wer meinen Enkel ausraubt, der muss sich auf Ärger einstellen“, sagte Herr Billing. Tobias staunte über den Mut des alten Mannes.

„Wie willst Du uns denn Ärger machen, Opa?“, bekam er höhnisch zur Antwort.

Aber ohne Wut und immer noch mit fester Stimme sagte er: „Seht ihr das Fenster da oben. Ein herrlicher Platz. Von dem man alles überblicken kann.“

„Na und?“, blaffte einer der Großen.

„Als Reporter will man sich ja nichts entgehen lassen, und deswegen liegt dort oben immer meine Kamera bereit. Falls mal was besonderes passiert“, sagte Herr Billing mit sehr belanglos klingender Stimme.

Eine Weile war es still. Dann brach es aus einem der Übeltäter hervor: „Du hast uns fotografiert, während wir hier …“, dann wusste er nicht weiter. „Ja, ihr seid übrigens alle hervorragend getroffen.“

Jetzt sah man unendliche Wut bei denen, die eben noch so cool gewesen waren. Einer zischte nur: „Oh Alter“.

Herr Billing sagte nur: „Übrigens, die Polizei müsste gleich hier sein. Ich geh schon mal die Kamera holen. Zum Beweis. Ihr werdet ja sicher alles abstreiten.“

Noch nie hatte Tobias große coole Jungs so schnell laufen sehen. Als Tobias mit Herrn Billing allein war, seufzte er: „Das war Rettung in höchster Not, nur schade, um das schöne Geld“.

„Geld ist nicht alles.“, sagte Herr Billing mit fester Stimme und legte ihm die Hand auf die Schulter.

„Stimmt“ sagte Tobias und dachte daran, dass Herr Billing eben gesagt hatte; wenn ihr meinen Enkel ausraubt.

Als die zwei in der Wohnung waren, wollte Tobias die Kamera und die Bilder sehen. Aber Herr Billing sagte nur: „Ach, du weißt doch meine Augen. Was soll ich mit einer Kamera!“

Einen Augenblick stutzte Tobias, und dann begannen beide lauthals zu lachen. Sie sahen in diesem Moment beide die coolen Jungs noch einmal ganz uncool davonlaufen.

Noch am gleichen Tag hat Tobias den Vertrag mit Herrn Billing zerrissen. Er will kein Geld mehr fürs Vorlesen. Und wenn er sich jetzt von Zuhause verabschiedet ruft er nur: „Ich gehe zu meinem Zeitungsopa!“

9. Das Land der tausend Versicherungen

Altersgruppe: Ab 6
Biblischer Bezug: Mt 6,25–34 und Jes 43,1.2
Kirchenjahr: 15. So. n. Trinitatis
Thema: Sorgen/Vertrauen/Kinder

Liebe Kinder,
immer wieder machen wir uns Sorgen. Wir fürchten uns ein bisschen vor dem, was alles geschehen kann. Manchmal wird diese Angst so mächtig, dass man sich kaum noch retten kann, wie im Land der tausend Versicherungen:

Keiner konnte so richtig sagen, wann sie ins Land gekommen waren. Jedenfalls waren es immer mehr geworden. Je größer die Angst der Leute war, um so mehr konnte man von ihnen sehen. Dann liefen sie geschäftig mit Formularen durch die Straßen und machten ernste und wichtige Gesichter. Wer sie aber genauer beobachtete, merkte, dass es hinter aller Wichtigkeit leise kicherte. Keiner wusste so richtig, ob diese Herren nun sehr wichtig oder sehr gefährlich waren. Eines jedenfalls war auffällig, ihr ganzes Interesse galt den Erwachsenen. Mit Kindern wussten sie nichts anzufangen.

„Ganz sicher“, „Aber gewiss doch“, „So kann Ihnen garantiert nichts passieren“, „Hiermit sind sie abgesichert“ und „ Da unten müssen Sie unterschreiben!“

Mit diesen Sätzen reisten sie durchs Land und wurden mächtig und mächtiger. Was in jenem Land auch gleichzeitig hieß, sie wurden reicher und reicher. Und weil sie es sehr geschickt anstellten, konnte bald kaum einer auf ihre Dienste verzichten.

„Das Leben ist lebensgefährlich“, erzählten sie den Leuten. Mit äußerst bedenklichem Gesicht fragten sie: „Was kann ihnen nicht alles passieren? Sie können stürzen und sich ein Bein brechen, ein Ast kann ihnen auf den Kopf fallen, ein Auto sie überfahren, ein Einbrecher sie bestehlen, was dann?“

Und wenn dann das Gesicht ihres Kunden sehr erschrocken aussah, klopften sie ihm wie ein guter Freund auf die Schulter und sagten: „Keine Angst, wir haben da etwas für sie!“

Wer konnte sich soviel Freundlichkeit entziehen?

Und weil das Leben an sich immer gefährlich schien, verkauften sie für alles ihre Versicherungen. Es gab Versicherungen für jeden Fall der Fälle: Versicherungen gegen Krankheit, gegen Diebstahl und Feuer, gegen das Älterwerden, Versicherungen gegen Fehler und für Rechtsanwälte. Alles konnte man versichern. Das ganze Leben konnte man sogar versichern, denn es gab die Lebensversicherung. Falls dann noch einer ängstlich fragte: „Und wenn ich trotzdem sterbe?“, antwortete man: „Dafür haben wir unsere Sterbeversicherung. Da unten müssen sie unterschreiben.“

Im Land der tausend Versicherungen lebte man von der großen Angst der Leute.

Und wer sie ständig heraufbeschwor, der lebte nicht schlecht.

So war auch die Regierung ständig mit Versicherungen beschäftigt. Wenn sie nicht gerade selbst versicherte, alles sicher im Griff zu haben, beriet sie über große Versicherungen, wie Kranken-, Pflege- oder Arbeitslosenversicherung. Alles war immer und überall abhängig von Versicherungen.

Nun braucht nicht gesagt werden, dass Versicherungen nicht gerade billig waren.

Schließlich wollten auch die Versicherer auf Nummer sicher gehen, falls wirklich mal etwas passierte. So mussten die Leute auch für ihre Versicherungen das nötige Geld bereithalten.

Sie mussten also mehr arbeiten und mehr sparen. Weil aber durch mehr Arbeit und mehr Sparen das Leben wieder noch ein wenig gefährlicher wurde, musste man sich dafür auch wieder versichern. Und dafür musste man dann noch mehr arbeiten und noch mehr sparen

Und immer so weiter und immer so weiter. Wer sicher sein wollte, musste es sich auch etwas kosten lassen. Am Ende war das ganze Leben dazu da, sich zu versichern, denn – das wusste inzwischen jeder: Das Leben war lebensgefährlich.

Nun hätte man sich im Land der tausend Versicherungen solange weiter versichern können, bis nichts mehr sicher gewesen wäre, doch vorher geschah glücklicherweise etwas anderes.

Weil man immer damit beschäftigt war, die Zukunft abzusichern, kam keine Zukunft.

Die Zukunft kam einfach nicht. Es geschah einfach nichts Neues. Man lebte für seine Versicherungen und brauchte nichts mehr zu erwarten. Höchstens, dass man sie vielleicht einmal nicht mehr bezahlen könnte.

Wer immer nur mit dem Schlimmsten rechnete, der kann nicht einen Schritt vorwärts gehen. Was kann nicht alles passieren? Das ist viel zu gefährlich. Alles soll immer so bleiben wie es ist, denn wenn sich etwas ändert, kann es ganz sicher gefährlich werden. So waren die Gedanken der Leute. Man hatte sich im Land der tausend Versicherungen entschieden, einfach kein Land von Morgen zu werden. Der Preis war einfach zu groß, denn der hieß Angst. Die Angst war die heimliche Herrscherin des Landes. Hier nun könnte die Geschichte ihr trauriges Ende nehmen.

Aber nun gibt es in jedem Land eine Menge von Leuten, denen ist das Land von Morgen sehr wichtig. Es sind zwar keine besonders großen Leute, aber sie wissen genau, dass sie dort eines Tages zu Hause sein werden. Bei diesen kleinen Leuten ist erstaunlicherweise die Neugier um vieles größer als die Angst. Natürlich spreche ich von den Kindern, und ein bisschen wird deutlich, warum die Herren der Versicherungen nichts mit ihnen anfangen konnten.

In Kindern wohnt die Sehnsucht nach dem Land von Morgen, weil es eines Tages ihr Land sein wird. Und gegen diese Sehnsucht kann man sich nicht versichern. Kein Versicherungsunternehmen geht das Risiko ein, sich gegen die Sehnsucht zu versichern. Und die ist nun mal bei Kindern besonders groß. Jeder kennt das, wenn immer das Gleiche passiert, verdrehen Kinder die Augen und stöhnen: „Oh ist das langweilig!"

Andererseits geschieht es, wenn Kinder manchmal Dinge tun, die ganz neu und anders sind, dann vergessen sie, dass sie ja vielleicht gefährlich sind und dass man sich dafür vorher vielleicht versichern müsste. Natürlich konnte man im Land der tausend Versicherungen so ein ungebührliches Verhalten nicht hinnehmen. Was konnte nicht alles passieren, wenn die Kinder weiter so neugierig, so voller Sehsucht blieben? Also setzte man, wie immer in schwierigen Fällen, eine Expertenkommission ein. Die sollte erst einmal herausfinden, warum Kinder so neugierig waren und warum sie sich viel weniger fürchteten als die Erwachsenen, die doch meist alle versichert waren.

Es wurden viele Brillen hin und her gerückt beim Betrachten dieses außergewöhnlichen Phänomens. Am Ende stand im Bericht der Expertenkommission:

Irgendwer ruft die Kinder ins Land von Morgen. Wir wissen nicht, wer es ist, aber die Kinder vertrauen und folgen ihm. Es ist, als würde er ihnen sagen: „Fürchtet euch nicht. Ich gehe voran!" Deshalb vermuten wir, dass Kinder generell auf Versicherungen verzichten.

Wir schlagen deshalb vor, dass herausgefunden wird, wer da ruft und vor allem, weshalb er solch ein Versprechen geben kann. Jedenfalls scheint er die Kinder so sicher zu machen, dass selbst wir Experten nicht mehr ganz sicher waren, ob Versicherungen solch eine große Sicherheit anbieten können.

Noch ist nicht klar, ob in jenem Land die Angst mit ihren 1000 Versicherungen weiter regiert, oder ob die Kinder mit ihrer Neugier stark genug sind, ins Land von Morgen aufzubrechen und die Erwachsenen mitzunehmen.

Aber dass da einer ruft: „Fürchtet euch nicht, ich begleite euch!", dessen können wir uns sicher sein. Warum sonst kommen Kinder so mutig und neugierig in diese Welt?

10. Der Träumer

Altersgruppe: 8
Biblischer Bezug: Lk 18,9–14 und Ps 139, 9
Kirchenjahr: Ferien/Pfingsten/6. n. Trinitatis
Thema: Phantasie/Verschiedenheit

Liebe Kinder,
manchmal ist es lebenswichtig zu träumen. Hört deshalb die folgende Geschichte:
Obwohl Ferien waren, saß Ben, der eigentlich Benedikt hieß, ärgerlich am Strand. Den Grund für den Ärger hatte seine Klassenlehrerin Frau Stüber gegeben.

„He, Schlafmütze! Aufwachen!", hatte sie oft im Unterricht zu ihm gesagt und dann hatten fast alle gelacht. In sein Zeugnis hatte sie geschrieben „*... folgt dem Unterrichtsgeschehen nur sporadisch*".

Nur neulich, als Mutti ihn abholte, da hatte ihm Frau Stüber freundlich über den Kopf gestrichen und gesagt: „Unser kleiner Träumer!" Aber ihn hatte sie damit gar nicht gemeint, es war ein kleiner Hinweis an Mutti, und ganz ehrlich war sie dabei auch nicht. Aber Lehrer konnten sich in den Ferien weiterbilden, zum Beispiel in Ehrlichkeit, doch was sollte aus einem hoffnungslosen Träumer werden. Ben hatte schon längst begriffen, dass es Träumer bei Frau Stüber unheimlich schwer hatten, wie in der Schule überhaupt.

Vielleicht war er doch etwas verdreht im Kopf. Schließlich dachte er hier am Strand an die Schule, während er in der Schule oft an den Strand dachte.

Nur gut, dass Ferien waren und keiner rufen konnte: „He: Schlafmütze! Aufwachen!“ Ob die Leute hier am Strand auch über ihn lachen würden?

Nein, jetzt waren Ferien, und es war endlich Zeit zum Träumen. Das, was Ben sonst nicht durfte, wollte er jetzt ohne Unterbrechung tun. Also kniff er die Augen etwas zusammen, und schon sah er sich zum Wasser herunter gehen. Hier lag sein kleines Segelboot, mit dem er in See stechen wollte. Die Badegäste sahen ihn ehrfürchtig an. Wie einen, der tat, was er tun musste, während sie selbst nur zum Vergnügen am Strand waren.

Und obwohl es nur ein Traum war, lächelte Ben stolz. Er stellte sich vor, dass alle zu ihm sahen und sprang deshalb besonders lässig in sein Boot. Er war Kapitän. Er war Segler. Er bestimmte das Ziel. Die Segelleinen und das Ruder fest in der Hand, wurde der Abstand zum Ufer schnell immer größer. Ein frischer Wind trieb das Boot weit hinaus. Ben sah hinter sich seinen Weg aus Wasser und die Leute am Strand wurden immer winziger.

Hier endlich war er allein mit dem Wind, mit der See und mit seinen Träumen. Obwohl Ben noch nie in seinem Leben gesegelt war, träumte er wie herrlich dies alles war.

Gerade wollte er sich ausstrecken und den Himmel, das Meer und das bauchige Segel in vollen Atemzügen so richtig genießen, da hörte er eine laute Stimme.

Hier so weit draußen? Hier in der Einsamkeit? Irgendjemand rief da um Hilfe. Ben suchte mit den Augen die Wasseroberfläche ab. Und wirklich, da hinten schien jemand mitten im Meer ganz wild zu zappeln.

Wie einer, der zu weit hinaus geschwommen war und dem nun die Kraft fehlte, um zurück ans Ufer zu kommen. Ben nahm Kurs auf den verlorenen Schwimmer.

Doch je mehr er sich der kämpfenden Gestalt im Wasser näherte, umso verwunderlicher schien ihm alles. Schon erkannte er, dass es kein Schwimmer, sondern eine Schwimmerin war. Dann aber, als er das Gesicht erkennen konnte, rieb er sich sogar im Traum verwundert die Augen. Das war doch nicht möglich? Vor ihm zappelte ganz wild im Wasser seine Klassenlehrerin: FRAU STÜBER!

Wie kam die hier mitten in die offene See? Wie kam sie mitten in seine Ferien? Wie kam sie mitten in seine Träume? Aber jetzt war keine Zeit zum langen Überlegen.

Obwohl Ben zuvor Frau Stüber noch gern so einiges gefragt hätte, warf er seiner Klassenlehrerin einen Rettungsring über Bord. Nachdem er ihr ins Boot geholfen hatte, schnaufte Frau Stüber ganz außer Atem, aber unheimlich erleichtert und ehrlich: „Danke, Ben! Das war Rettung in höchster Not."

Jetzt wäre es eigentlich Zeit gewesen aus dem Traum in die Wirklichkeit zurückzukehren. Doch vorher musste Ben noch etwas loswerden.

„Ein Glück, Frau Stüber, dass ich gerade mit meinem Traum in ihrer Nähe war. Und dass keiner gerufen hat: „He, Schlafmütze aufwachen! Ich glaube die Sache wäre ziemlich traurig für Sie ausgegangen."

(Nach diesem sonderbaren Traum am Strand, stand Ben auf und schüttelte den Sand von sich ab. Dann rannte er hinunter zum Wasser und stürzte sich wie befreit ins blaue Meer. Es ließ ihn so richtig wach werden. Es reichte bis zum Horizont, und trotzdem trug es ihn, den winzigen Ben. Das gewaltige Meer nahm ihn auf, so als ob er selbst ein Teil von ihm wäre, als sei er mit dem Meer mit ihm verwandt. Ben tauchte unter und wieder auf.

Und plötzlich war es, als habe er eine ganz große Wahrheit entdeckt. Das Meer war Traum und Wirklichkeit zugleich. Und etwas von diesem großen Meer war auch in ihm Zuhause.)

11. Weizen

Altersgruppe: 9
Biblischer Bezug: Joh 12,24–25
Kirchenjahr: Osterzeit
Thema: Für andere da sein/Sich opfern

Drei Tage trieben sie mit ihrem kleinen Schiff nach dem großen Sturm steuerlos umher.

Dann waren sie auf die vor gelagerten Klippen jener unwirklichen Insel gelaufen. Das Schiff wieder seetüchtig zu bekommen war aussichtslos. Wollten sie das nackte Überleben sichern, mussten die verbliebenen Lebensmittel vor dem Einsetzen der Flut an Land gebracht werden.

Sie hatten gerade einige Säcke Weizen zum Strand der Insel herüber gebracht, als das Wrack, das früher mal ihr Schiff war, mit lautem Krachen zerbrach und im Meer versank.

Nun saßen Sie am Ufer und rechneten sich ihre Überlebenschancen aus. Dabei waren sie aufgebrochen, um reich zu werden und bejubelt heimzukehren. Ihre Enttäuschung und Verbitterung entlud sich in einem handfesten Streit darüber, was mit dem Weizen zu tun sei.

„Vor dem sicheren Tod wenigstens noch einmal richtig satt essen.“, jammerte einer der Verzweifelten.

Ein anderer, der sich schon immer zu Höherem berufen sah, wollte seine Gelegenheit nutzen und rief: „Vermacht mir den Weizen, und ich werde euch sagen, was zu tun ist.“

Einer aber, der auf Grund seiner eigenartigen Gedanken als Sonderling galt, schlug vor, die Menge des Weizens zu teilen und eine Hälfte auszusäen und die andere Hälfte so zu rationieren, dass sie bis zur neuen Ernte reichte.

„Und wenn auf dem kargen Inselboden nichts wächst, dann verkürzen wir unsere Lebenszeit um die Hälfte.“, wandte der, der sich noch einmal richtig satt essen wollte ein, und dieses Argument war allen einleuchtend. Schließlich ging es um ihr Leben, und da konnte man sich nicht so einer vagen Hoffnung hingeben. Was war zu tun?

Da sich keiner mit seinen Vorschlag durchsetzen konnte, zählte man die Weizensäcke und stellte erstaunt fest, dass für jeden der Schiffbrüchigen genau ein Sack Weizen zur Verfügung stand.

Schnell kam man überein, dass jeder über sein Maß Weizen selbst entscheiden sollte.

So zerrte jeder seinen Sack an eine windgeschützte Stelle des Strandes und begann für sich zu rechnen, für wie viele Tagesrationen der Weizen bei sparsamer Einteilung reichen könnte.

Nur der Sonderling lud sich seinen Sack auf die Schultern und erklomm die Uferfelsen.

Drei Monate vergingen und von denen, die am Strand zurückgeblieben waren, hatte keiner mehr ein menschliches Antlitz. Jeder saß vor einem Häufchen Weizen. Es war der Rest der Lebenszeit, die jedem geblieben war. Keiner wagte aufzusehen, denn jeder sah sein Schicksal in der Erbärmlichkeit des anderen. Keiner wagte aufzustehen, weil er fürchten musste, ein anderer würde kommen und sich auf sein letztes bisschen Lebenszeit stürzen. Jeder saß vor seinem immer kleiner werdenden Haufen Weizen und belauerte den anderen. Es war nur noch Angst in den Augen der Schiffbrüchigen. Wie ausgehungerte, wilde Tiere hatten sie kaum noch etwas Menschliches. Nur ein winziges Stück waren sie vom Wahnsinn entfernt.

Einer, der diese Spannung nicht mehr ertrug, stand wie entrückt auf und erklomm, wie vor drei Monaten der Sonderling die Uferfelsen. Die anderen beobachten das Geschehen aus den Augenwinkeln und warteten auf einen guten Augenblick, sich auf den verlassenen Weizen zu stürzen. Doch plötzlich wurden ihre wilden Gedanken durch einen Schrei unterbrochen. Mit großer heftiger Gestik wurde von oben gewinkt. Es schien ein Ausweg gefunden und jener, der seinen Weizen verlassen hatte, deutete ihnen ebenfalls aufzustehen und den Felsen zu erklimmen. Zögernd und misstrauisch machte sich einer nach dem anderen auf den Weg.

Und jeder, der über die Felsenkante schaute, war ergriffen. Mit dem Staunen kehrte etwas Menschliches in die Gesichter der Schiffbrüchigen zurück.

Denn vor den ausgehungerten Gestalten, lag ein kleines Weizenfeld. Der Sonderling müsste es angelegt haben. Er hatte seinen Plan verwirklicht. Sofort begann man nach ihm zu suchen.

Sie fanden ihn in einer Laubhütte. Doch er war verhungert, denn er hatte seinen ganzen Weizen, seine ganze Lebenszeit, ausgesät.

12. Petrus

Altersgruppe: 9
Biblischer Bezug: Mt 26,31–35;69–75 und 28,1–10
Kirchenjahr: Ostern
Thema: Feigheit/Versagen/Aus dunklen Gedanken aufbrechen/Tod

Petrus ist in traurigen Gedanken gefangen: *Wie ein elender Feigling habe ich mich aus dem Staub gemacht. Aber ich hätte doch nie gedacht, dass Worte so gefährlich sein können. -Ich wollte doch einfach nur am Leben bleiben. Wie grausam ist es meinem besten Freund ergangen, nur weil er nicht sagen wollte, dass alles ein Irrtum war. Wie einen Mörder, wie einen schweren Verbrecher haben sie ihn ans Kreuz geschlagen, nur weil er gesagt hat, dass Gott ganz anders ist. Und ich, Petrus, habe ihm geglaubt. Ich bin mit ihm gegangen, und ich war glücklich an seiner Seite. Ja, ich habe gespürt, dass war endlich die Wahrheit, eine Wahrheit, die nicht traurig machte.*

Was aber das Schlimmste von allem ist: Ich habe geschworen, immer bei ihm zu bleiben, ihn niemals zu verlassen. Ja, ich habe gesagt: Lieber will ich Sterben, als von deiner Seite zu weichen. Aber als die grausamen Soldaten kamen und eine Frau mit dem Finger auf mich zeigte und rief: „Der dort, der gehörte auch mit dazu.“, da habe ich feige und gemein geschrieen: „Ich kenne diesen Menschen nicht!“ Ich hatte Angst. Ich wollte nicht sterben, deshalb habe ich Jesus verleugnet und bin weggelaufen, so weit es ging.

Nun bin ich alleine und weine über meinen Freund, über mich selber und darüber, dass am Ende immer der Tod und das Töten alle besiegt, die Mutigen wie die Schwachen. Jesus ist mutig bis in den Tod geblieben und ist doch am Kreuz gestorben, und ich habe aus Angst vor dem Tod meinen besten Freund verraten und bin so am Leben geblieben. Aber geändert hatte sich nichts! Alles ist so geblieben, wie es immer war.

Was sollte das alles. Was war der Sinn dieser ganzen grausamen Geschichte? Was wollte Gott? Was sollte das alles bedeuten?

Ich will auf die Knie sinken. Wenigstens beten will ich, wie ich es von Jesus gelernt habe.

„Gott, hilf mir, denn das Wasser steht mir bis zum Hals. Gott, warum hast Du mich zu so einem Feigling gemacht. Warum hast du es geschehen lassen, dass ich meinen Freund verrate.

Er war doch dein Sohn. Ich verstehe nicht, was geschieht. Alles ist ohne einen Sinn. Wolltest du wirklich beweisen, dass der Tod stärker als alles ist. Ich wäre so gern ein anderer gewesen. Ich wollte Jesus wirklich beistehen. Ich wollte es wirklich. Verstehst du? Aber ich konnte einfach nicht.

Vater im Himmel, wolltest du wirklich, dass ich erkenne, was für ein Versager, was für ein Feigling ich bin?“

So redete Petrus immer wieder mit Gott. Er wäre gern viel mutiger gewesen.

Er konnte sich einfach nicht verzeihen, dass er nicht getan hatte, was er tun wollte. Sein Wille war zu schwach. Und deshalb schämte er sich. Deshalb war er davongelaufen. Deshalb hatte er sich versteckt. Und deshalb rang er in seinen Gebeten mit Gott und der Wahrheit. Er wollte erst wieder aus der Einsamkeit, aus der Traurigkeit zurückkehren, wenn Gott ihm geantwortet hatte. Wenn wahr war, was Jesus gesagt hatte, dann war Gott wie ein Vater, und ein Vater antwortet, wenn seine Kinder ihn fragen.

Einmal als Petrus einsam und traurig in seinem Versteck zu Gott betete: „Gott, war es wirklich dein Wille, dass eine gute Geschichte so ein böses Ende nimmt“, hörte er draußen zwei Frauen aufgeregt und hastig miteinander erzählen:

„Ich habe es mit eigenen Augen gesehen. Die Grabhöhle war leer.“

„Du meinst der Gekreuzigte, war nicht da, wo sie ihn hingelegt hatten?“

„Es schien, als hätte Er die Grabhöhle verlassen.“

„Aber ein Toter kann doch nicht wieder aufstehen.“

„Vielleicht ist jetzt die neue Zeit angebrochen?“

„Du meinst, jetzt erfüllt sich, was in den Büchern steht?“

„Es könnte doch sein, dass er wirklich Gottes Sohn war.“

„Du meinst, dass dieses grausame Ende ein neuer Anfang sein soll?“

„Warum nicht? Wir warten doch schon so lange darauf.“

„Na, ich weiß nicht, vielleicht haben seine Freunde, Petrus und die anderen, seinen toten Körper auch nur aus der Grabhöhle gestohlen, um zu sagen, er ist auferstanden.“

Wie von einem Lichtstrahl getroffen, stand Petrus plötzlich in seinem Versteck. War das nicht die Antwort auf alle meine Fragen? Nicht der Tod hat meinen Freund besiegt, sondern Jesus hat den Tod besiegt. Und auch, dass ich selbst ein Feigling geblieben bin, hat seinen Sinn. Es ist mein Auftrag, allen zu erzählen, dass die Macht des Todes zu besiegen ist. Es ist mein Auftrag, diese gute Botschaft allen weiterzusagen: Gott ist stärker als der Tod.

Deshalb bin ich am Leben geblieben. Deshalb bin ich so feige gewesen. Deshalb habe ich immer wieder nach dem Sinn der Geschichte gefragt. Petrus öffnete die Tür seiner dunklen Kammer. Er sah nach draußen. Der Tag leuchtete ihm entgegen. Ein sanfter Hauch wehte ihm entgegen.

„Dein Wille geschehe!“ sagte er zuversichtlich und machte sich auf den Weg.

13. Bonhoeffer

Altersgruppe: 10
Biblischer Bezug: Mt 26,39
Kirchenjahr: Karfreitag/Ostern
Thema: Mut/Aufstehen gegen Unrecht/Zivilcourage/Barmer Erklärung

Im Frühling 1945 wartet ein Mann auf seine Hinrichtung.
Dieser Mann ist Pastor, und er ist zum Tode verurteilt.
Im Konzentrationslager Flossenbürg lebt er die letzten Tage seines Lebens.

Warum ist dieser Mann, der noch nicht einmal 40 Jahre alt ist, zum Tod verurteilt? Was hat er getan?

Er hat Widerstand gegen die große Angst geleistet. Er hat von ganzem Herzen Gott vertraut, er wollte, dass Menschen Gott mehr vertrauen als ihrem mächtigen Führer.

Die Lebensgeschichte dieses Mannes erzählt von dem, woran er glaubte und woran er nicht glaubte. Sie erzählt von dem, wovor er Angst hatte und wovor er keine Angst hatte.

Dieser Mann hieß Dietrich Bonhoeffer. Er war gerade 27 Jahre, da begannen in Deutschland die Faschisten zu regieren. Sie sorgten dafür, dass ein anderer Mann in dieser Zeit von sehr vielen Deutschen verehrt wurde. Und viele glauben an diesen Mann, der wie ein Retter und Helfer in der Not auftrat.

Sie glauben an Adolf Hitler. Wie einem Gott jubeln sie ihm zu. Und was er sagt, glauben sie ihm, als wäre er zu nichts Bösem fähig. Schon als man das böse Ende noch nicht ahnte, dass diese deutsche Geschichte nehmen würde, warnen der Pastor Dietrich Bonhoeffer und seine Freunde: „Glaubt Hitler nicht! Es ist Jesus Christus, an den ihr glauben sollt!“

Aber viel hilft dieses Warnen nicht. Die meisten Menschen glauben Adolf Hitler. Denn es gibt wieder Arbeit für die Väter und Straßen werden gebaut. Es geht wieder vorwärts mit Deutschland, wenn auch im Gleichschritt, aber wenigstens vorwärts. Nur wenige glauben, dass es ein böses Ende nehmen wird mit Adolf Hitler.

Die wenigen, die dies glauben, schließen sich zu einer Gruppe zusammen. Sie schwören sich, Gottes Worten mehr zu gehorchen, als den Worten der Faschisten. Das war sehr mutig, denn wer etwas gegen den mächtigsten Mann sagte, der konnte damals mitten in der Nacht abgeholt und eingesperrt werden.

Wie ein brauner Sturm fegten die Anhänger von Hitler durchs Land, und wer nicht stark war, wurde umgestoßen. Standhaft dagegen blieben die, die allein Gott glaubten. Die durch Gott ganz sicher waren, dass das, was Hitler wollte, nicht gut war. Nein, es waren nicht viele, die das mutig glaubten. Es waren wenige.

Hitler und seine vielen Helfer dagegen glaubten, dass sie der ganzen Welt zeigen müssten, wie mächtig sie waren. Und da gab es die eifrigen und die gleichgültigen Helfer. Die, die laut: „Heil Hitler!“ schrieen. Und die, die sagten: Soll'n die doch machen, was sie wollen, mich geht's nichts an. Und so beginnt der letzte große Krieg: Bomben fallen. Es treffen Briefe von der Front ein, dass Väter im Krieg gefallen sind. Es fallen Häuser in Schutt und Asche. Doch Hitler und seine Helfer glauben, dass sie am Ende die Sieger sein werden. Es fallen immer mehr Bomben. Es sterben immer mehr Menschen. Es gibt mehr Ruinen als bewohnbare Häuser.

„Wie viele Millionen Menschen müssen noch im Krieg sterben, bis man Hitler und seinen Helfern nicht mehr glaubt?“, fragen sich Bonhoeffer und seine Freunde. Sie merken, dass dieser Krieg nicht eher zu Ende ist, bis alles in Schutt und Scherben gefallen ist. Einige entschlossene Männer, zu denen D. Bonhoeffer gehört, planen Hitler umzubringen. Lieber einen töten, als dass noch Millionen von Menschen getötet werden. Bonhoeffer weiß, dass diese Entscheidung vielleicht dem widerspricht, was Gott sagt. Aber wie kann man sonst das große Sterben aufhalten?

Der Plan, den zu töten, der das Töten befohlen hat, scheitert. Hitler überlebt den Anschlag. Alle werden verhaftet und zum Tode verurteilt, die daran beteiligt waren. Bonhoeffer gehört dazu. Seine Freunde werden verurteilt und getötet. Bonhoeffer wird eingesperrt.

Natürlich hätte D. Bonhoeffer Grund gehabt zu sagen, nun glaube ich überhaupt nichts mehr. Er hätte sagen können, dass Böse ist stärker als das Gute. Er hätte sagen können, warum hat uns Gott nicht geholfen, warum muss ich so jung schon sterben, warum lässt Gott den Krieg zu, warum lässt er Hitler und seine Leute gewähren?

Doch auch, wenn er das vielleicht alles bedenkt, vertraut er weiter auf Gott. Selbst an dem Morgen, als man ihn aus der Zelle holt, um ihn zu töten. Er ist sich sicher: Er hat versucht, sein Leben lang Gott nah zu sein. Jetzt gleich würde Gott ihm nah sein.

Er hatte dem Unrecht, der Macht des Krieges, der Macht des Todes Widerstand geleistet. Er hatte sich nicht, der Angst vor Hitler ergeben. Und deshalb konnte er sich, konnte er sein Leben jetzt voll Vertrauen in die Hände Gottes geben.

14. Medizin zum Erwachsen werden

Altersgruppe: 6
Biblischer Bezug: Mk 10,13–16 und Lk 18,15–17
Kirchenjahr: 20. So. n. Trinitatis
Thema: Entscheidung und Verantwortung

„Ach, wenn ich doch endlich erwachsen wäre“, seufzte Tobias. Es war immer das gleiche: Er muss am Ende machen, was Mama und Papa sagen. Erwachsene waren die Bestimmer und Kinder immer die, die gehorchen mussten. Er hätte jetzt so gern seine Sendung gesehen: Die Simpsons.

Mutti aber hatte erklärt; die Schulmappe für morgen zu packen sei wichtiger. Dabei kannte sie die Simpsons gar nicht, weil sie um diese Zeit immer das Abendbrot machte. Wie konnte sie einfach behaupten, dass Schulmappe packen wichtiger als die Simsons sei. Er war da ganz anderer Meinung.

Und überhaupt, obwohl er zur Schule ging und die Erwachsene nicht, wussten sie meist alles besser. Wozu dann überhaupt in die Schule gehen?

Tobias begann zwischen seinen Schulsachen zu träumen. Wie herrlich musste es sein, über alles selbst bestimmen zu dürfen. Dann konnte man endlich machen, was man wollte. Er brauchte nicht mehr zur gehorchen, nicht mehr zur Schule, nicht mehr die Schulmappe packen, wenn er die Simsons sehen wollte.

Vielleicht gab es eine Medizin oder Sportübung oder ein geheimes Geheimnis, um schneller erwachsen zu werden? Möglicherweise konnte man die Zeit, in der man fast nie bestimmen durfte, verkürzen?

Wenn es möglich war zum Mond zu fliegen und Computer zu bauen, dann musste dieses wichtige Mittel doch schon längst erfunden sein!

Das Schnellwachstumsmittel: Morgens – mittags – und abends eingenommen und im Handumdrehen: ERWACHSEN.

Tobias war sich fast sicher, dass es so ein Mittel gab. Ja, gewiss gab es etwas das half, schneller erwachsen zu werden.

Natürlich fragte sich Tobias, warum hatte er bisher noch nichts davon erfahren? Weder in der Schule, noch in Büchern nicht einmal im Fernsehen?

Mit einem Mal kam ihm da ein böser Verdacht. Und je mehr er darüber nachdachte, umso einleuchtender war ihm die Sache: Genau so musste es sein: Das Mittel, um schneller Erwachsen zu werden, war schon längst erfunden, doch seine Entdeckung wurde von den Erwachsenen streng geheim gehalten. Sie wollten weiter über die Kinder bestimmen. Und genau dieses Schnellwachstumsmittel würde nämlich verhindern, dass Eltern weiter die ewigen Bestimmer bleiben würden.

Doch wen konnte man fragen? Wer von den Erwachsenen würde dies Geheimnis freiwillig preisgeben? Die Sache war äußerst kompliziert?

Vielleicht konnte man mit Uropa darüber reden, der hatte schon öfter einmal Geheimnisse über Erwachsene ausgeplaudert. Und außerdem waren seine Kinder schon erwachsen. Sie waren selbst schon Opa und Oma. Alle waren selbst Bestimmer, und das Geheimnis weiter zu bewahren, würde Uropa nichts mehr nützen. Tobias wusste, er würde Uropa rumkriegen. Das hatte er bis jetzt fast immer geschafft.

Erst wunderten sich Tobias Eltern, dass er so drängelte, endlich einmal wieder Uropa zu besuchen. Aber dann an einen Samstag stiegen alle ins Auto und machten sich auf den Weg.

Endlich bei Uropa angekommen, war es dann noch schwierig, mit ihm unter vier Augen zu reden, denn Mama und Papa waren immer irgendwie in der Nähe.

Tobias dachte schon, sie würden etwas ahnen. Aber als Tobias vorschlug, dass Uropa diesen Abend die Gutenachtgeschichte erzählen sollte, hatten sie nichts dagegen.

Erst guckte der etwas komisch, als Tobias bat, die Tür zu schließen, aber als Tobias vertrauensvoll bat: „Uropi, du musst mir helfen?“, setzte er sich ans Bett und sagte: „Na dann erzähl’ mal!“

Der alte Mann hörte seinem Urenkel genau zu. In seinem Gesicht konnte man lesen, dass er alles ganz genau hörte und am Ende seufzte er: „Ich wünschte mir genau das Gegenteil. Ein Mittel um wieder Kind, um wieder jung zu werden!“ Bei ihm konnte Tobias das verstehen. Er hatte alte Knochen und aß zum Frühstück fast nur Tabletten gegen seine vielen Zipperlein, wie er immer sagte.

Aber dann nahm er Tobias Hand und begann zu erzählen: „Als ich so alt war wie du, konnte ich es auch kaum erwarten Erwachsen zu werden. Aber dann war die Schule aus und irgendwann hörte ich auch auf zu wachsen. Doch dass, was ich mir so erträumt hatte, traf einfach nicht ein. Im Gegenteil bei mir wurde es immer schlimmer. Ich musste Soldat werden, musste gehorchen, musste in den Krieg ziehen. Manchmal wenn die Bomben fielen und die Geschütze donnerten, habe ich mich als junger Mann wie ein kleines Kind geängstigt. Ich habe mir jemanden gewünscht, der mich in den Arm nimmt, der mich tröstet, der mir Mut macht, der mich beschützt. – Ich war Erwachsen und habe mich trotzdem wie ein Kind gefühlt. – Und weißt du, was ich dann, einmal als die Granaten schon ganz dicht bei uns einschlugen, gefleht habe: ‚Du, Vater im Himmel, steh' mir bei'. Wie ein Kind hab ich als erwachsener Mann gejammert. Ich habe den Krieg überlebt, aber viele meiner Schulkameraden sind nicht nach Hause zurückgekehrt."

Tobias sieht seinen Urgroßvater lange an und weiß nicht, ob das die Antwort auf seine Frage war, und der erklärt nachdenklich:

„Das mit dem in die Höhe Wachsen hört eines Tages auf. Wenn du 1 Meter 80 oder gar zwei Meter bist. Irgendwann wächst der Mensch nicht mehr in die Höhe, und trotzdem ist er dann mit sich noch nicht am Ende. Er stellt weiter Fragen, so wie du jetzt. Er fürchtet sich, so wie ich damals. Er braucht Hilfe auch, wenn er so alt geworden ist wie ich. Und diese Hilfe gibt es nicht immer in Form von Tabletten. Der Mensch wächst das ganze Leben. Aber wichtig ist, wohin er wächst. So wie die Blumen und Bäume sich zum Licht strecken, so streckt sich der Mensch zu Gott. Das ganze Leben wächst er ihm entgegen."

Urgroßvater holt das Buch aus dem Tisch, in dem er immer ganz versunken liest. Aber diesmal liest er ihm aus der Kinderbibel vor. (Mk 10,13–16)

15. Gerechtigkeit

Altersgruppe: 6
Biblischer Bezug: Ex 20,2/Mt 5,43–48/Mt 7,12
Kirchenjahr: Pfingsten; 21. Sonntag nach Trinitatis
Thema: Gerechtigkeit

Ein alter König hatte sein Land über viele Jahre so recht und schlecht regiert. Wie sehr er sich auch mühte, Gerechtigkeit walten zu lassen, immer wieder gerieten die Leute miteinander in Streit. Mal fühlte sich der eine betrogen, weil der andere einen größeren Lohn bekommen hatte als er. Mal hatte der eine dem anderen etwas weggenommen, etwas Böses über ihn gesagt oder ihn gar bedroht. Immer wieder erschienen die Streithähne vor seinem Thron und forderten Gerechtigkeit. So war der alte König selbst auf seine alten Tage sehr unzufrieden. Ständig passierte dasselbe und nichts änderte sich. Man konnte Gesetze und Verordnungen erlassen, man konnte einsperren und begnadigen lassen, man konnte milde und strenge Urteile verhängen, es blieb einfach alles beim Alten. Irgendeiner hatte immer Streit mit einem anderen, und beide schrieen nach Gerechtigkeit.

So saß nun der alte König auf seinem Thron und grübelte und überlegte, wie man die Gerechtigkeit im Lande herrschen lassen könne.

Denn jeder schrie nach ihr. „Gerechtigkeit! Gerechtigkeit!", hörte man es an allen Ecken des Landes rufen, aber je lauter man rief, umso entfernter schien jene geheimnisvolle, so sehr vermisste und so sehr ersehnte Gerechtigkeit.

Es geschah sogar, dass sich einige Bürger des Landes zusammenschlossen. Sie sagten: gemeinsam sind wir stark. Gemeinsam kämpfen wir um Gerechtigkeit. Und als das die anderen Bürger des Landes hörten, bekamen sie plötzlich Angst: Die anderen wollten plötzlich die Gerechtigkeit bekommen und ihnen blieb dann vielleicht nur noch das Unrecht übrig? Also wollten auch sie für die Gerechtigkeit kämpfen. Und so wurde fortan nicht mehr nur einzeln um Gerechtigkeit gestritten, sondern in geschlossener Front.

Gerechtigkeit dieses große Wort war kein Wort des Friedens mehr, sondern ein Wort des Krieges. Fahnen wurden geschwenkt und große Knüppel. Jeder wollte seine Gerechtigkeit vor dem Unrecht der anderen verteidigen.

Schon marschierten die einen mit grimmigen Gesichtern auf die anderen zu. Schon war man bereit für die Gerechtigkeit zu sterben.

Da stellten ein paar Kinder ganz merkwürdige Fragen; Fragen, die sich so recht noch nie einer richtig gestellt hatte und die ziemlich nachdenklich machten: „Wem gehört eigentlich die Gerechtigkeit? Gehört sie einem oder gehört sie vielen? Ist sie ganz groß oder ganz klein? Ist sie immer gleich oder immer wieder anders? Hat jeder seine eigene Gerechtigkeit? Oder kann man Gerechtigkeit kaufen? Und wenn ja, wer verkauft sie? Wo findet man sie überhaupt?" Und ist wer im Krieg für die Gerechtigkeit der Sieger ist, ist der dann auch wirklich gerecht?

Das waren Fragen, die waren noch schwere als für die Gerechtigkeit zu kämpfen. Wo fängt Gerechtigkeit an und wo hört sie auf?

Als der König sah, dass in seinem Land viel Unrecht und Leid um der Gerechtigkeit willen geschehen würde, schickte er seinen Sohn zu denen, die sich da im Kampf um die Gerechtigkeit gegenüberstanden.

Der setzte sich mitten ins Getümmel und fing an ganz einfache Sätze zu sagen: Zuerst waren es nur die Kinder, die zu ihm kamen und ihm zuhörten: „Gerechtigkeit gehört keinem Menschen, sie gehört Gott“, erklärte er.

„Man kann sie nicht kaufen und man kann sie nicht erkämpfen. Gerechtigkeit schenkt Gott; dass alle gut miteinander leben können. Sie fängt im ganz Kleinen an und kann dann ganz groß wachsen.“

Immer mehr kamen hinzu, nicht nur Kinder. Viele hörten zu, was der Sohn des alten Königs erzählte. Schließlich fragte einer: Aber was sollen wir denn jetzt machen, dass endlich die Gerechtigkeit in unserem Land Einzug hält.

„Es gibt da eine einfache Regel“, sagte der Sohn des Königs. Die Gerechtigkeit beginnt eigentlich niemals bei Dir selbst, sondern sie beginnt beim anderen. „Das ist aber ungerecht“, murrten da einige.

„Nun“, sprach da der Sohn des Königs „ manchmal muss man erst etwas geben, um es wieder zurückzubekommen. Das gilt auch sehr für die Gerechtigkeit.“

„Ist das die einfache Regel“ fragten da die Kämpfer für die Gerechtigkeit. „Eigentlich ist sie noch einfacher“, sagte da der Sohn des Königs. „So gerecht wie du selbst behandelt werden willst, so musst du auch die andern behandeln. Was du selbst bekommen willst, musst du selber geben.“

„So einfach ist das?“ fragten da die Kinder. „Ja, so einfach“, sagte der Sohn des Königs. „Komisch“, wunderten sich da alle.“ Komisch, dass wir noch keine Gerechtigkeit im Lande haben“

16. Kinder, Kinder!!!

Altersgruppe: 8
Biblischer Bezug: 2Sam 12,1–15 und Lk 18,9–14
Kirchenjahr: 11. Sonntag nach Trinitatis
Thema: Vorurteile/Etwas einsehen/Schuld

Marius Sausmikat drückt seufzend auf die 8: Er streicht sich über den grauen Kittel und stellt die Werkzeugtasche im Fahrstuhl ab. „Wahrscheinlich wieder mal Murmeln im Ausguss oder eine beim Spielen abgerissene Telefonbuchse, ein überdrehter Wasserhahn oder ein abgebrochener Schlüssel im Schloss!“ Herr Sausmikat kennt das aus dem 8. Stock. Hier wohnen drei Familien mit insgesamt 11 Kindern. Für ihn ist es die Krach-, die Kaputt- und die Dreckmacheretage. Manchmal denkt er: Hausmeister könnte so ein schöner Beruf sein, wenn es keine Kinder geben würde. Fahrräder im Hausflur, Bälle in Fensterscheiben, die natürlich niemand geworfen hat, Kritzeleien im Treppenhaus, Geschrei in der Zeit von 13–15 Uhr, Dreckspuren bis hinauf zum Boden und als ob das nicht reichen würde: Jede Woche die Fahrstuhlmonteure, weil es in diese frechen kleinen Köpfe nicht hineingeht, dass der Fahrstuhl kein Spielzeug ist. Marius Sausmikat stöhnt wie in einem Alptraum, während er all die vielen Katastrophen mit Kindern bedenkt. Vielleicht fangen die Worte Kind und Katastrophe nicht umsonst mit ein und demselben Buchstaben an. Die Zahl 7 leuchtet im Fahrstuhl auf. Herr Sausmikat strafft sich, greift den Werkzeugkasten und macht sich für den Katastropheneinsatz bereit. Stark und gerüstet betritt er ohne Furcht die 8. Etage.

Bei Fechner muss er klingeln. Eine allein stehende Mutter mit drei Kindern. Er war schon unzählige Male hier. Nach dem Klingelton hört man wildes Getrappel über den Flur näher kommen. Dann wird die Tür aufgerissen, und Herr Sausmikat sieht in drei kleine Gesichter. Das kleinste ist verweint, die anderen beiden sehen ziemlich erschrocken aus. Trotzdem fragt der Hausmeister streng: „Wo ist eure Mutter?" Die drei Kinder geben den Eingang frei und eines zeigt in Richtung Küche. „Wahrscheinlich ein verstopfter Ausguss", denkt Herr Sausmikat. Aber als er dann die Küche betritt, steht er vor der größten Katastrophe seiner bisherigen Hausmeisterlaufbahn. Auf dem Küchenboden liegt, sich den Knöchel haltend, Frau Fechner. „Ich wollte, was vom Küchenschrank holen, und dieser blöde Stuhl ist umgekippt!"

Die drei Kinder stehen jetzt in der Küchentür und sehen auf den Hausmeister wie auf einen Retter. Vielleicht denken sie, kann er auch kaputte Knöchel reparieren.

„Ich rufe einen Arzt", sagt er kurz und zieht sein Handy aus dem Kittel. Erst versteht er nicht, als Frau Fechner genauso erschrocken wie ihre Kinder aussieht und „Oh, mein Gott!" ruft. Doch als dann die Sanitäter eine viertel Stunde später die Mutter der Kinder zum Fahrstuhl tragen und sie ihn bittet, sich um die Kinder zu kümmern, da weiß Herr Sausmikat, dass er vor der größten Aufgabe seines bisherigen Lebens steht. Er war bis dahin immer ohne Kinder ausgekommen, gut ausgekommen. Denn eine Erfahrung war für Marius Sausmikat immer wieder bewiesen und somit unumstößlich: KINDER bringen ÄRGER.

Sie machen Krach, sie machen Unordnung, und sie machen alles kaputt. Und jetzt hatte er auf einmal drei von diesen gefährlichen, unberechenbaren und geheimnisvollen Wesen am Hals.

Was sollte er tun? Schlurfenden Schrittes ging der Hausmeister in die Wohnung der Fechners zurück und der schwersten Aufgabe seines Lebens entgegen. Im Wohnzimmer ließ er sich in einen Sessel fallen und dachte über seine Lage nach. Was war jetzt zu tun? Was sollte er mit den dreien anfangen? Und wo waren sie überhaupt? Herr Sausmikat sprang, wie vom Blitz getroffen aus dem Sessel auf? Er war ja jetzt für sie verantwortlich. Doch noch bevor er seine Suche nach den Kindern beginnen konnte, ging die Tür auf und der größte von den drei Kleinen kam mit einem Tablett ins Zimmer. Schüchtern folgten die beiden jüngeren Geschwister. Der vielleicht 6 Jahre alte Junge stellte das Tablett mit einer Tasse und einer Glaskanne mit Kaffee genau vor Herrn Sausmikat ab und sagte: „Für dich!" Der Hausmeister schaute ihn fragend an. „Bevor Mutti vom Stuhl gefallen ist, hat sie Kaffee aufgebrüht."

Herr Sausmikat gießt sich den Kaffee in die Tasse und schaut die 3 Kinder nachdenklich an.

Nicht, dass sie jetzt denken, er müsse mit dem Kaffee auch gleich die Rolle der Mutter übernehmen.

Nur um überhaupt etwas zu sagen, fragte er: „Was wollte denn die Mutti oben vom Küchenschrank holen?" Erst bekommt er gar keine Antwort. Er sieht nur, dass die Kinder schuldbewusst nach unten schauen. Dann sagt das kleine Mädchen: „Na, die Dose mit den Keksen." „Ach so!", sagt Herr Sausmikat und will sich schon zufrieden geben, da sagt der ganz kleine Junge: „Wir naschen nämlich immer, und deshalb hat sie Mutti dahin gestellt, wo wir nicht hinkommen." Mit einem Mal wird dem Hausmeister bewusst, dass sich die drei Kleinen ganz elend fühlen, dass sie denken, sie seien schuld am Unfall der Mutti. Der Hausmeister sieht die 3 Kinder an und in diesem Augenblick wird im ganz warm ums Herz. So warm, dass sein kaltes eisiges Bild von Kindern zu einem weiten warmen See zerschmilzt. Diese Drei schämen sich, und sie lieben Ihre Mutti.

Sie sind still. Sie sind traurig und – sie haben ihm einen Kaffee gebracht. Aber es ist nicht nur diese neue Entdeckung an Kindern, die Herrn Sausmikat so ein warmes Gefühl gibt. Er spürt noch etwas ganz anderes, etwas, das ihn auf wundersame Weise anrührt. – Hier warten drei kleine Kinder auf seine Hilfe.

Der Hausmeister zieht seinen grauen Kittel aus. Streckt den Kindern seine Hände entgegen und sagt: Es wird wohl Zeit, dass wir ins Krankenhaus fahren, um nach eurer Mutti zu sehen. Wenig später stehen die Vier angezogen am Fahrstuhl und machen sich auf den Weg.

Herr Sausmikat wäre mit den drei Kindern an diesem Tag sogar das Treppengeländer vom 8. Stock herunter gerutscht, aber schließlich war er ja Hausmeister und er hatte Verantwortung für die drei. Doch die Freude über seine Entdeckung hätte allemal dazu gereicht. Es war die größte Entdeckung seines Lebens: Kinder konnten etwas ganz Wunderbares im Herzen wecken, sogar in Hausmeistern!

17. Bauer Bernhard

Altersgruppe: 6
Biblischer Bezug: Lk 12,15–21
Kirchenjahr: Erntedank
Thema: Gier/Haben wollen/Sicherheit

Liebe kleine, liebe große Kinder!
„Dass ihr mir auch ja nichts verschüttet", rief Bauer Bernhard seinen Knechten zu. Denn Bauer Bernhard war nun reich. Einen riesigen Berg Korn hatte Gott in diesem Jahr auf seinen Feldern wachsen lassen. Es war wohl der größte Berg, der je in einem Sommer herangereift war.

Aufgeregt rannte Bernhard um den Berg und schätzte: 700–800, 900, ja vielleicht 1000 Sack Getreide – das hatte es noch nie gegeben! Aber in seinen großen Gedanken: „Ich bin ein reicher Mann!", mischte sich auch sogleich die Sorge: „Wenn ich all mein Korn hier liegenlasse, kommen die Leute und nehmen sich, was sie brauchen. Mein schönes Korn werden sie sich nehmen! Dann werden noch die Vögel und die wilden Tiere kommen und alle, alle werden mein schönes Korn auffressen. Nein – Niemals! Mein Korn soll mein Korn bleiben! Diese Nacht werde ich meinen Reichtum bewachen, und morgen lasse ich eine große Scheune mit verschließbaren Türen bauen und dann, dann bleibt alles – alles meins – meins – meins!"

„He Bauer, kommst du mit zum Erntefest auf die Blaue Wiese!", rief einer der Knechte. Aber Bernhard rief nur: „Keine Zeit! Ich hab Wichtigeres zu tun!"

So schlich er misstrauisch und äußerst wachsam um seinen riesigen Berg Korn. Von der blauen Wiese her leuchtete das Lagerfeuer, und man hörte die Lieder der anderen. Gern wäre Bernhard dabei gewesen, aber wie sollte er dann seinen Reichtum bewachen.

Es war eine lange und kalte Nacht. Der Bauer hatte mächtig gefroren. Doch nichts von seinem Korn war in dieser Nacht von seinem Reichtum verloren gegangen. Doch an diesem Tag musste die Scheune gebaut werden. Noch eine solche Nacht wollte Bernhard nicht verbringen.

„Dass die Tür auch wirklich fest verschlossen ist“, rief Bernhard am Abend mehr zu sich und steckte den Schlüssel der neuen großen Scheune in seine Tasche.

Auf dem Nachhauseweg tastete er immer wieder in der Tasche, ob der Schlüssel auch noch da sei. Endlich im Bauernhaus suchte Bernhard nach einem sicheren Platz für den Schlüssel. Denn wer den Schlüssel hatte, der kam in die Scheune und wer in die Scheune kam, konnte so viel er wollte von seinem Korn nehmen. Wohin also mit dem Schlüssel? Ans Schlüsselbrett? Nein, da kam ja jeder ran! In die Schublade? Aber wenn er die verschloss, hatte er wieder einen Schlüssel, den er verstecken musste!

Schließlich entschied Bauer Bernhard: Der sicherste Platz in der Nacht war unter seinem Kopfkissen.

Abends dann im Bett rechnete er noch einmal: 1000 Sack für 5 Taler machten 5000 Taler. Wenn er sparsam lebte, konnte er mit 500 Talern im Jahr auskommen. Also hatte er für 10 Jahre Vorrat in seiner Scheune. „Für 10 Jahre genug“, säuselt Bernhard kurz vor dem Einschlafen und tastete nach dem Schlüssel unter seinem Kopfkissen.„ Aber was war das, der Schlüssel war weg!“ Bernhard, der eben noch ganz müde gewesen war, stand kerzengerade in seinem Bett, so als wäre er vom Blitz getroffen. Er stellte das ganze Schlafzimmer auf den Kopf. Er sucht und fluchte und fand den Schlüssel schließlich wieder: Er war zwischen die Matratzen gerutscht. Nach dieser Aufregung konnte Bauer Bernhard auch diese Nacht nicht schlafen. Und so ging es dem Bauern auch die meisten folgenden Nächte. Mal fürchtete er sich vor Feuer, dass seine Scheune und sein Korn verbrennen könnte. Mal waren es Mäuse, und ein anderes Mal ein paar lose Bretter an der Scheunenwand.

Bernhards Augen bekamen dunkle Ringe. Er wurde mürrischer von Tag zu Tag.

Und wenn nicht eines Tages ein großer Sturm gekommen wäre, der die Scheune und alles Korn wieder davon geblasen hätte, Bernhard wäre wohl eines Tages an Schlaf- und an Traumlosigkeit gestorben. Gewiss, er jammerte so 3 bis 5 Tage lang. Aber dann fiel er in einen tiefen und heilsamen Schlaf. Er träumte von einem großen Fest auf der blauen Wiese. Ihm träumte, dass sich diese Wiese beim Tanzen, Essen, Singen und Trinken in den Himmel verwandelte.

18. Zuwenigland

Altersgruppe: 6
Biblischer Bezug: Mt 6,25–34
Kirchenjahr: 15. So. n. Trinitatis/Erntedank
Thema: Sich Sorgen/Gottvertrauen

Es war einmal ein armes kleines Land. Es war ein Land, in dem die Leute von allem zu wenig hatten.

Zu wenig Geld, zu wenig Verständnis, zu wenig Zeit, zu wenig Hoffnung.

Deshalb wurde es auch überall das Zuwenigland genannt. Doch wenn man es woanders so nannte, tat man es mit einem gewissen Schmunzeln. Warum man schmunzelte? Nun in Wirklichkeit gab es im Zuwenigland gar nicht zu wenig.

Ganz im Gegenteil es gab hier unendlich viel. Viel mehr als in manch anderem Land. Ja, man kann ohne Übertreibung sagen, es gab dort einen großen Reichtum?

Natürlich fragt jeder sofort: Warum wurde es dann das Zuwenigland genannt?

Nun das Besondere des Reichtums des Zuweniglandes war, dass er nicht reichte. Was ist denn das für ein Reichtum, der nicht reicht?

Hier nun muss wiederum erklärt werden, dass das Problem nicht bei dem Reichtum lag, sondern bei den Zuweniglandleuten. Denn die behaupteten fortwährend, dass ihr Reichtum nicht reichte.

Und weil ihnen ihr Reichtum nicht reichte, hatten sie von vielen anderen Dingen eben auch zu wenig: zu wenig Zeit, zu wenig Verständnis, zu wenig Hoffnung.

Also liefen sie ihrer Angst zu wenig zu haben, ständig davon. Dabei wurden sie reicher und reicher, doch im gleichen Maß wuchs ihre Sorge um den nicht reichenden Reichtum. Zu wenig, zu wenig, dröhnten die Maschinen. Zu wenig, zu wenig, tickten die Uhren.

Zu wenig, zu wenig, schlugen die Herzen.

Es war, als würde sich im Zuwenigland alles immer schneller und schneller im Kreise drehen, und niemand schien zu wissen, wann aus dem Zuwenig endlich ein Genug wurde.

Wäre nicht eines Tages ein Fremder in jenem armen reichen Land aufgetaucht, es hätte sicher kein gutes Ende mit ihm genommen.

Er fragte die hastenden und eilenden Leute: „Warum meint ihr immer zu wenig zu haben?"

„Weil wir noch mehr haben könnten", sagten die Leute.

„Aber trotzdem, wenn ihr dann mehr habt, glaubt ihr immer noch zu wenig zu haben."

„Ja, leider ist das so", sagten die Leute.

„Nun", sprach der Fremde, „ich will euch helfen. Denkt doch nur einmal, ihr hättet genug. Nur so rein theoretisch. Wäre dies nicht ein herrliches Gefühl? Wäre nicht plötzlich auch genug Zeit, genug Verständnis, genug Hoffnung im Zuwenigland? Wäre nicht endlich Zeit über den Sinn des Reichtums nachzudenken."

„Was für ein Sinn des Reichtums?", fragten die Leute.

„Ist nicht der Sinn des Reichtums, endlich sagen zu können, ich habe für lange Zeit genug."

„Ja, aber merkt ihr denn nicht", sagte der Fremde, „dass euer Streben nach Reichtum völlig ohne Sinn ist, denn wie viel ihr auch habt, am Ende meint ihr immer zu wenig zu haben. Ihr werdet zwar reicher und reicher, aber zugleich immer unzufriedener und unzufriedener. Ihr seid in einem bösen Irrtum gefangen wenn ihr meint, es wäre genug, wenn jeder von euch irgendwann genug hat. Für euch selbst werdet ihr nie genug haben."

„So sage uns doch endlich, was ist der Sinn des Reichtums", drängten ungeduldig die Zuweniglandleute.

„Der wirkliche Sinn des Reichtums ist", sagte der Fremde und machte eine lange Pause bis die Spannung kaum noch zu ertragen war. „Der wirkliche Sinn des Reichtums ist, dass es am Ende für *alle* reicht, … dass man ihn teilt und denen gibt, die weniger haben. Der Sinn des Reichtums offenbart sich nur dem, der das Zuwenig nicht in sich selbst, sondern beim anderen erkennt."

„Was können wir den tun, um aus dem Fluch des Reichtums den Segen des Reichtums zu machen?", fragten einige Einsichtige.

Der Fremde schlug ein altes weises Buch auf und las den Leuten des Zuweniglandes folgende Worte vor: Mt 6,25–34.

19. Versuchung

Altersgruppe: 8
Biblischer Bezug: Mt 5,38–42 und Röm 12,21
Kirchenjahr: Rogate/21 Sonntag nach Trinitatis
Thema: Sich rächen/Vertragen/Freund- und Feindschaft

Liebe Kinder!
„Und führe uns nicht in Versuchung, sondern erlöse uns von dem Bösen", beten wir im Vaterunser. Die folgende Geschichte erzählt, wie solch eine Versuchung aussehen kann:

Jessika war wütend wie eine Dampflok. Jedenfalls so, wie eine aussieht, kurz bevor sie losfährt. Es kochte in ihr, und sie schnaubte und zischte in alle Richtungen.

So eine hinterhältige Schlange! Der erzähle ich nie wieder etwas. Das war so was von gemein!

Wer Jessika so zum Kochen gebracht hat, das war nicht etwa eins von den eingebildeten Mädchen der 5 b, sondern es war ihre beste Freundin, Svenja.

Dabei konnten Jungs manchmal auch ganz schön wütend machen, aber so wie Svenja …? Na ja. Ein bisschen hatte die Sache auch mit Jungs zu tun, aber so fies konnten nicht einmal Jungs sein.

Die größte und hinterhältigste Ziege, der Jessika je begegnet war, das war ihre eigene Freundin Svenja.

Und das stand seit heute morgen fest. Dabei war es gerade einen Nachmittag her, dass sich die beiden besten Freundinnen der Welt in ihrer Baumhöhle über die Jungs ihrer Klasse unterhalten hatten. Svenja hatte gefragt, ob sie einen von ihnen gut fände. Und Jessika hatte gesagt, von diesen Fußballköppen käme keiner für sie in Frage. Und dann hatte sie nach einer kleinen Weile und nur so nebenbei gesagt: „Henning vielleicht!" Eigentlich hatte sie es auch mehr zu sich selbst gesagt. Jedenfalls hatte sie gedacht, ihre beste Freundin könne so etwas für sich behalten.

Doch als sie heute Morgen in die Klasse kam, hatte die freche Sarah so auffällig nebenbei gerufen: „Hallo Jessika, Henning ist auch schon da!" In diesem Augenblick schoss die Wut wie eine gewaltige Dampfwolke in Jessika auf.

So eine Verräterin! Solch eine Gemeinheit! Wie hatte sie sich in ihrer besten Freundin getäuscht. Das sollte sie büßen. Jessika wusste auch etwas von Svenja, und das hatte sie bisher noch niemanden erzählt. Vielleicht war es noch etwas gemeiner, wenn sie es erzählte. Aber jetzt wollte sie sich rächen. Jetzt wollte sie es ihr doppelt heimzahlen. Jetzt, wo Svenja nicht mehr ihre größte Freundin, sondern ihre größte Feindin war, da sollte sie ruhig sehen, dass Jessika noch viel gemeiner sein konnte. Sie wusste genau, wenn sie das erzählen würde, dann würde Svenja genauso wütend werden wie sie jetzt. Ja, sie würde ihr ihre Bosheit heimzahlen. Es sollte ihr eine Lehre sein die Geheimnisse ihrer Freundin zu verraten.

In der großen Hofpause ging dann alles ziemlich schnell.

Jessika verkündete laut, dass Svenjas Vater gar nicht der richtige Vater von Svenja sei und kurze Zeit später prügelten sich zwei Mädchen der 5a so, dass mancher Junge aus der Siebenten respektvoll die Unterlippe vorschob und mit dem Kopf nickte. Das machte die Hofaufsicht, Frau Gerske, natürlich nicht. Die packte die beiden Kampfhühner und brachte sie schnurstracks zum Direktor.

Herr Dünnwald, der Schuldirektor, sah verwundert in zwei sehr wütende Mädchengesichter und fragte nur erstaunt: „Ich denke ihr seid Freundinnen?"

„Das dachte ich auch", stieß Svenja hervor und Jessika schnaubte nur ein kurzes „Pah" ins Direktorenzimmer.

Nachdenklich schaute Herr Dünnwald von einer zur anderen. Dann sagte er mit gewichtiger Direktorenstimme:

„Dass auch Freundinnen hin und wieder in Streit geraten, das kommt vor. Aber ich dulde es nicht, dass Schüler meiner Schule ihre Probleme wie Raufbolde, Entschuldigung – wie Raufboldinnen – lösen. Ihr habt zwei Möglichkeiten:

1. Ihr begrabt eure Freundschaft, und ihr geht euch künftig aus dem Weg, dass so etwas nicht wieder vorkommt. Ihr seid euch dann nicht mehr wichtig, und ihr vergesst, dass ihr einmal gute Freundinnen gewesen seid.

Oder:

2. Ihr begrabt eure Feindschaft. Was natürlich schwieriger ist, denn ihr müsstet miteinander reden und euch vertragen. Also …?"

Herr Dünnwald machte das Zeichen, das für ihn alles gesagt war. Als die beiden Mädchen das Direktorenzimmer verließen, sagte er noch:

„Lass dich nicht vom Bösen überwinden, sondern überwinde das Böse mit Gutem". Solche geheimnisvollen Worte sagte er manchmal und es klang dann wie eine Aufgabe, die zu lösen zwar sehr schwer, aber nicht unmöglich war.

20. Umkehren

Altersgruppe: 8
Biblischer Bezug: Jes 42,3 und Lk 15,1–10
Kirchenjahr: Passion/3. Sonntag nach Trinitatis
Thema: Mit eigener Schuld umgehen/Umkehren

Liebe Kinder, liebe Gemeinde!
Es ist nicht einfach, an irgendetwas schuld zu sein. Einfacher ist es, wenn die anderen schuld sind und man gar nichts dafür kann. Wer schuld ist, auf den zeigen alle mit Fingern. Es wird verlangt, dass man sich schämt, dass man sich nicht noch herausredet, dass man sich entschuldigt, nicht frech guckt, dass man es wieder gut macht und dass so etwas nie wieder vorkommt.

Wer schuld ist, der kann eigentlich nur eins, nämlich mit gesenktem Kopf traurig nach unten schauen. Alles andere lässt die Schuld nur noch größer werden. Schuld sein ist noch schlimmer als frech, krank oder unsportlich sein.

Wer Schuld hat, auf den zeigen alle, als hätte er besonders große Pickel oder eine extra lange Nase. Deshalb möchte man niemals an etwas schuld sein, aber leider passiert es dann doch, dass gerade du wieder an irgendetwas schuld bist.

Und dann, dann muss man sich vor den ausgestreckten Fingern in Acht nehmen, denn die anderen sind natürlich auch erst einmal froh, dass du schuld bist und nicht sie.

Man muss traurig nach unten gucken, wegen dem möglicherweise frechen Blick, der Schuldpickel oder über das, was die anderen noch so im Gesicht des Schuldigen entdecken. Nicht nach unten gesehen hatte Werner.

Er war einfach weggelaufen. Weit weg, so dass er es nicht mehr hören konnte, jenes blöde: „Werner ist schuld, Werner!!!" Natürlich wusste er selber, dass er schuld war.

Aber dass es alle immer wieder sagten, dass konnte er einfach nicht aushalten. Besonders als der Krankenwagen kam und dem Arzt und dem Fahrer auch noch erzählt wurde, wer schuld war. Da hatte es Werner einfach nicht mehr ausgehalten. Dabei wollte er nur verhindern, dass seine Mannschaft zum dritten Mal hintereinander verliert. Immer wieder hatte Leander die Tore geschossen, Tore, die es Werners Mannschaft immer unmöglicher machten zu gewinnen. Er wollte ja gar nicht, dass sich Leander gleich den Fuß bricht, er wollte ja nur verhindern, dass noch ein Tor gegen seine Mannschaft fällt. Schon gleich, nachdem Leander jammernd auf dem Spielfeld lag, wusste Werner, dass jetzt etwas viel Schlimmeres passiert war als das Fußballspiel zu verlieren.

Nun lief er weg vor den Worten: „Du bist schuld." So als würden sie ihn jagen. Wie große Hunde oder böse Gespenster. Aber es ist besonders schwer zu laufen, wenn man gejagt wird, egal ob von Worten oder Hunden. Wenn man nicht weiß, wohin man fliehen soll. Man kann nicht immer nur weglaufen, auch beim Weglaufen muss man irgendwann ankommen.

Werners Schritte wurden langsamer, dafür wurden seine Gedanken schneller. Er konnte doch nicht sein ganzes Leben lang weglaufen. Einfach verschwinden und nie mehr wiederkommen, das ging nicht. Zwar gefiel ihm der Gedanke, dass ihn dann alle suchen würden und sich auch Sorgen um ihn machten, aber den Worten „Du bist schuld", konnte man nicht so einfach entkommen. Selbst wenn er nach Amerika oder Afrika ging, wären sie immer noch da gewesen. Was sollte er also tun?

In einem Film hatte Werner gesehen, dass jemand, der verfolgt wurde, sich in eine Kirche gerettet hatte. Vielleicht war die KIRCHE so ein Ort, an den man fliehen konnte, wenn sich alles gegen einen verschworen hatte. Ein Ort, an den man auch gehen konnte, wenn man schuld war. Man brauchte ja nicht ewig da zu bleiben, aber vielleicht fand man dort eine Antwort, um zurückzukehren, zurückzukehren zu denen, die gesagt hatten: „Du bist schuld."

Werner war ganz erstaunt, als er plötzlich vor der großen Tür der Kirche stand. Waren es seine Füße oder seine Gedanken, die ihn hierher gebracht hatten?

Ein großer Gang zwischen Bankreihen führte zu einem Kreuz, an das man jenen Mann genagelt hatte, von dem es hieß; er sei der Retter der Welt. Sah so ein Retter aus? Konnte ihn dieser traurige Mann retten? Ein Mann, den man eigentlich hätte retten müssen, der sollte ihn retten? Warum haben ihm seine Freunde damals nicht geholfen? Warum sind sie weggelaufen? Warum haben sie gedacht, jetzt ist alles zu Ende? Warum haben sie ihn alleingelassen? Sind sie nicht auch schuld gewesen seine Freunde? Statt zu helfen, sind sie weggelaufen? All diese Fragen wandern durch Werners Kopf, und er merkt, dass es auch seine Fragen sind. Nein, Weglaufen bringt gar nichts. Der Anfang etwas wieder gut zu machen liegt da, wo man etwas falsch gemacht hat. Woanders findet man keinen neuen Anfang. Wer umkehren kann, der kann auch heimkehren, denkt Werner. Und er verlässt die Kirche. Er wird ins Krankenhaus gehen. Er wird nach Leander fragen, und er wird ihm sagen, dass es ihm Leid tut.

Und weil Werner weiß, wohin er zu gehen hat, sieht er nicht mehr nach unten. Es tut sehr gut, wenn man die Augen wieder in die Höhe heben kann.

21. Der Neue

Altersgruppe: 8
Biblischer Bezug: Lk 9,62
Kirchenjahr: Okuli/Schulanfang
Thema: Abschied und Neuanfang

„Marko Benz!" „Marko Benz!" Die Lehrerin sieht vom Klassenbuch auf in die Bankreihen! Niemand meldet sich. Dann macht sie einen Vermerk und sagt mehr zu sich selbst: „Komisch, gestern hat die Mutter ihn noch groß angekündigt. – Naja Berliner." „Wilmar Dost!" „Hier!" „Bernd Frei!" „ Hier."… Die Anwesenheitskontrolle nach den Ferien in der 4a der Bornstädter Schule geht weiter.

Zur gleichen Zeit steht ein Junge auf dem Bahnhof von Bornstädt. Er liest den Fahrplan und hat einen Schulranzen auf dem Rücken. Er weiß, dass er nicht zurück nach Berlin fahren wird, dafür hat er gar kein Geld, aber den Zügen nach Berlin will er wenigstens hinterher sehen. Wenn er schon nicht weg konnte, wollte er wenigstens das tun.

Es war jedenfalls ein Morgen zum Davonlaufen gewesen. Davon hat es in letzter Zeit eine ganze Menge gegeben, und das, obwohl Ferien waren. Erst waren er und seine Eltern in dieses blöde Bornstädt gezogen. Von Berlin hierher – das muss man sich mal vorstellen. Dann hatten ihn die Jungen aus der Nachbarschaft einen Angeber genannt. Und heute Morgen, als er wirklich ganz dolle Halsschmerzen hatte und lieber zum Arzt als zur Schule wollte, hatte Mutti nur gesagt: „Heute ist der erste Schultag nach den Ferien. Du bist neu hier. Du kommst in eine neue Schule, in eine neue Klasse, und deine Lehrerin erwarte dich. Und du willst zum Arzt."

Naja, aber das war es ja gerade. Alles war neu, und Marko hatte einfach keine Lust mehr auf Neues. Er wollte zurück ins Alte. In die alte Schule . In die alte Klasse.

Doch schon hier auf dem Bahnhof wurde Marko klar, dass sich bald schon eine ziemliche Katastrophe anbahnte. Die neue Lehrerin würde Zuhause anrufen.

Die Mutter würde sagen, dass er heute Morgen pünktlich losgegangen sei und spätestens in einer halben Stunde, also halb 9 würde man ihn überall suchen.

Noch konnte er schnell zur Schule laufen und sagen, er habe sich verlaufen. Aber wenn er sich dann vorstellte, dass die Hälfte der Klasse darüber kichern würde, dann war der Bahnhof doch ein besserer Ort.

Marko überlegte angestrengt, wie er aus dem selbst gemachten Schlamassel wieder herauskäme. Mitten in diesen schweren Gedanken wurde er angesprochen. Wer sollte ihn hier ansprechen? Ihn kannte doch hier keiner?

„Ja, dich meine ich.“, sagte ein Mann mit freundlichem Gesicht und einer Aktentasche. „Kennst du dich in Bornstädt aus?“ fragte er noch einmal. „Wenig. Ich bin neu hier“, antwortete Marko.

„Na, dann geht's dir wie mir“, sagte der Mann, und er sagte es freundlicher als Marko. „Hast du schon mal was von der Hausvogtstraße gehört?“

Marko musste grinsen. Diesen Straßennamen hatte er in der letzten Woche mehr als einmal gehört. Und auch heute Morgen hätte er in genau diese Straße gemusst. Hier stand nämlich seine Schule.

Manchmal, wenn man sich selbst nicht entscheiden kann, hilft ein kleiner Schubs von außen.

Marko drehte dem Fahrplan den Rücken zu und sagte: „Die Hausvogtstraße kenne ich. Ich bringe sie hin.“

„Na dieses Bornstädt hat hilfsbereite Kinder“, sagte der Mann mit dem freundlichen Gesicht und der Aktentasche. Auf dem Weg unterhielten sich die beiden. „Du bist also auch neu hier?“, fragte der Mann. „Aus Berlin hergezogen“, seufzte Marko.

„Na das hört sich ja nicht gerade begeistert an. Du wärst wohl lieber in Berlin geblieben?“ „Natürlich. Was ist denn hier schon los. Kein Fernsehturm. Gerade mal zwei Hochhäuser und nur ein Kino.“ „Na ja, wenn du die Sache so siehst!“, gab ihm der Mann einen kurzen Augenblick Recht.

„Bei mir ist es anders. Ich habe hier eine neue Arbeit gefunden und freue mich darauf. Für mich sieht hier alles freundlich aus.“ „Was kann denn hier schon freundlich sein“, zweifelte Marko. „Es kommt auf den Betrachter an. Du kannst etwas mürrisch ansehen, und du wirst kaum etwas Gutes entdecken. Aber umgekehrt ist es besser“, erklärte der Mann.

„Also, wenn ich etwas freundlich ansehe, wird die Sache auch freundlich“, sagte Marko langsam und nachdenklich.

„Nicht nur Sachen. Vor allem Menschen werden freundlich, wenn man freundlich zu ihnen ist. Du bist jedenfalls selbst der beste Beweis.“

Ja, wirklich, Markos schlechte Laune war verschwunden. Inzwischen waren sie in der Hausvogtstraße angekommen. Marko verabschiedete sich, denn er wollte so schnell wie möglich in die Schule. Der Mann rief ihm noch hinterher: „Vielen Dank und vielleicht sieht man sich mal wieder.“ Marko winke noch im Laufen, und als er vor der Klassentür stand war er ganz außer Puste.

Mit einem Ruck öffnete er die Tür und sagte: „Von Berlin nach Bornstädt ist es ein ziemlich langer Weg“, und als die Klasse lachte, lachte er mit.

Marko setzte sich, und sein Banknachbar zeigte ihm die Buchseite, wo sie gerade waren. In der Großen Pause wurden alle Kinder in der Aula versammelt. Die Schule hatte einen neuen Direktor bekommen, und der wollte sich vorstellen. Als die Tür aufging, erschrak Marko: Das war doch der Mann mit der Aktentasche und dem freundlichen Gesicht. Doch der lächelte nur und zwinkerte ihm verschwörerisch zu. So als wollte er sagen: Manchmal kommt man erst durch einen kleinen Umweg zum Ziel.

V. Beispiel für einen Gottesdienst

Familiengottesdienst vom 1.2.2009, gehalten in der Inselkirche Kloster auf Hiddensee mit einer Familienfreizeit aus Zingst

Thema: Was ihr wollt, dass euch die Leute tun sollen, das tut ihnen auch.
(Einige Bausteine sind den vorangegangen Abschnitten entnommen: Diese sind mit Kapitel und Nummer angegeben. Einige sind neu entworfen)

MUSIK *(Querflöte und Gitarre)*

ANSPIEL

4 Stühle stehen in alle 4 Himmelsrichtungen mit der Rückenlehne aneinander. Einer nach dem anderen kommt nach seiner Ankündigung und setzt sich.

PFARRER: Der Friede Gottes sei mit euch allen.

ERZ./PFARRER: *Ein Kind kommt*
(Kind nimmt Basecap vom Kopf und lässt sich auf den Stuhl fallen)

KIND: Immer gibt es Ärger, weil sie mich einfach nicht verstehen. Ich sage. „Es geht nicht."
Sie sagen: „Du musst!" Ich sage: „Ich brauche Hilfe." Sie sagen: „Wir haben keine Zeit."
Ich sage: „Könnt ihr mir nicht einmal zuhören!"
Sie sagen: „Machen wir doch und gehen anschließend aus dem Zimmer."

ERZ./PFARRER: *Eine Mutter kommt*
(Mutter kommt mit Wischeimer erschöpft und müde und setzt sich)

MUTTER: Wenn doch nur mal einer sagen würde, heute mach' ich die Küche.

Oder wenigstens, ich kümmere mich um die Einkäufe.
Keiner sieht, was ich alles mache. Keiner achtet meine Arbeit.

ERZ./PFARRER: *Ein Vater kommt*
(Hat ein UNO-Spiel in der Hand und setzt sich nachdenklich)

VATER: Früher waren wir in der Familie netter und freundlicher miteinander.
Wir hatten mehr zu lachen und es gab öfter Spaß. Heute macht jeder Seins.
Wir kümmern uns kaum noch umeinander.

ERZ./PFARRER: *Eine Oma kommt*
(Hat ein Fotoalbum in der Hand und setzt sich mühsam)

OMA: Keiner kommt mich besuchen. Ich sitze den ganzen Tag hier. Habe nichts zu tun und langweile mich. Wenn doch einer kommen würde und sagen: Oma ich brauche dich! So wartet man und wartet den Rest seines Lebens.

ERZ./PFARRER:
Hallo, ihr habt da eine Sicht, die ist ohne Aussicht. Ihr solltet eure Sichtweise wechseln.

Alle stehen auf und nehmen einen anderen Platz ein. Zuvor hat jeder sein Utensil auf seinem Platz hinterlassen.

KIND (MUTTER):
Für mich wäre das nichts! Immer gleich nach der Schule saubermachen! *(Stößt mit den Fuß an den Wischeimer)* Ich muss mich erst einmal entspannen. Am Computer oder Fernsehen. Oder wenn ich gleich in die Küche müsste, um etwas zu kochen! (*nachdenkliche Pause)*

Eigentlich, leicht hat Mutti es ja nicht. Immer hat sie etwas zu tun. Vielleicht hat sie deshalb, so wenig Zeit.

VATER (KIND):

Ach, das waren noch Zeiten. Als diese Mützen der letzte Schrei waren. *(Setzt sich dabei das Basecap auf).* Scheinen aber immer noch cool. Früher nannten wir sie „fetzig". Bei uns war es damals cool Krafttraining zu machen. Ich weiß gar nicht, was heute so bei den Jungs angesagt ist?

MUTTER (OMA):

Wie lange hab' ich das nicht in den Händen gehabt? *(Nimmt Fotoalbum in die Hand.)* An bestimmte Sachen kann ich mich gar nicht mehr richtig erinnern.
Aber Oma weiß ja immer alles. Die lebt ja hauptsächlich in der Erinnerung. Ich werde sie mal besuchen.

OMA (VATER):

Was hatten wir für einen Spaß, obwohl immer ein bisschen geschummelt wurde. *(Hat das Kartenspiel zur Hand genommen).*Wenn die anderen gewusst hätten, wie frech ich sie damals immer ausgetrickst habe. Ja, das wäre mal wieder etwas! Eine Partie UNO mit allen. Aber ist das nicht zu altmodisch?
Vielleicht lachen sie mich aus? Ach was, ich versuch es einfach!

Die Oma steht auf und spricht die Familie an.

OMA: Ich hab' gedacht, ich schau mal wieder vorbei. Wisst ihr wie wir immer noch UNO gespielt haben?

KIND: Ja. Das war immer lustig!

MUTTER: Es hat ja kaum einer ehrlich gespielt.

VATER: Ich weiß, wo das UNO- Spiel liegt.

KIND, *das den Reinigungseimer wegräumt:*

Ich helfe dir nachher. Mutti!

OMA, *die auf die Stühle schaut:*

Kinder, aber so können wir nicht spielen?

Jeder nimmt seinen Stuhl und dreht ihn um. Ein kleiner Kreis entsteht. Man setzt sich und die Oma gibt die Karten aus.

Begrüssung

Ich begrüße alle zu unserem Gottesdienst mit dem Thema: *Was ihr wollt, dass euch die Leute tun sollen, das tut ihnen auch.* Diesen Satz sagt Jesus im Matthäusevangelium und man nennt ihn die Goldene Regel. Manchmal leuchten auch Worte, wie Gold. Am letzten Sonntag nach Epiphanias, wollen wir in diesen Worten, das Licht für uns suchen.

In dem kleinen Spiel gleich am Anfang war zu sehen, wenn wir manchmal die Blickrichtung ändern, können wir viel mehr verstehen. Die anderen ein bisschen besser verstehen zu lernen, dabei soll uns der heutige Gottesdienst helfen. Einsam oder gemeinsam, das ist eine sehr wichtige Frage.

Ich schlage vor, dass wir jetzt gemeinsam ein Lied singen. Nach der Melodie „Morgenlicht leuchtet“ (EG 455) singen wir den ersten Text unserer Liederzettel:

Lied nach: EG 455 Morgenlicht leuchtet

Freundlichkeit leuchtet, wo ihr sie anfangt.
Wo ihr sie fortgebt, kommt sie zurück.
Gebt gute Worte, gebt eure Hände
Geh’n wir gemeinsam, finden wir Glück.

Lasst nicht im Dunkeln, die die euch fremd sind.
Sucht zu verstehen, auch nur ein Stück.
Gebt euch Verständnis, gebt euch Vertrauen
und geht wenn’s sein muss auch mal zurück.

Gottes Geist leuchtet, für jeden Anfang.
Niemand muss traurig durch die Welt geh’n.
Gebt, was ihr selbst wollt, auch allen andern
und ihr lernt über Grenzen versteh’n.

Wie ist das mit mir und den anderen?

Darüber wird auch in den Psalmen, den ältesten Liedern der Welt, nachgedacht? Der Psalm 37 gibt uns dazu ein paar Antworten, wenn wir die entsprechende Fragen stellen:

A: Manchmal schimpft einer mit mir,
oder ist ganz unfreundlich.
Dann frage ich mich,
was habe ich ihn denn getan?
Ich möchte dann auch schimpfen
und unfreundlich sein.

B: Vers 7. Bleib einen Augenblick ruhig.
Denke an Gott und ob es gut ist,
was du dann tust.
Warte, bis Gott dir eine Antwort gibt,
die gütig und freundlich ist.
Auch wenn du meinst,
es ist gerecht, wütend zu sein
und sich zu rächen.
Auch wenn du meinst,
Gott sieht gar nicht,
wie gemein da jemand ist.

A: Aber man darf sich doch nicht alles gefallen lassen! Soll man denn gar nichts gegen Ungerechtigkeit unternehmen?

B: Vers 8. Nicht Zorn und Grimm ändern die Menschen.
Tut denn jemand, der wütend ist, etwas Gutes?
Schnell ist der, der meint, er sei gerecht, selbst ungerecht.

A: Aber wenn nichts gegen die Ungerechtigkeit und die Gemeinheit unternommen wird, dann werden sie doch immer größer und regieren die ganze Welt?

B: Vers 9. Gott hat die Welt so geschaffen,
dass Unrecht nicht auf Dauer bestehen kann.
Das Unrecht selbst sorgt dafür,
dass es verschwindet.

A: Wie soll das gehen?
Wenn keiner etwas tut, verschwindet doch nicht, was gemein und ungerecht ist?

B: Vers 10. Was gemein und ungerecht ist,
passt nicht in die Welt, die Gott geschaffen hat.
Irgendwann holt den Ungerechten,
seine eigene Ungerechtigkeit ein
und wer gemein ist
verkümmert in seiner Gemeinheit.

A: Das soll ich glauben, dass irgendwann alle nett und freundlich sind und ein Frieden herrscht, der alle gut sein lässt.

B: Vers 11. Was willst du sonst glauben?
Dass es besser ist ungerecht und gemein zu sein?

Glaub nicht, du wärest zu schwach,
denn mit dir will Gott Freude und Frieden
Wirklichkeit werden lassen.

KOLLEKTENGEBET

Gott, du zeigst uns, wie wir gut miteinander leben können.
Du hast die Welt so geschaffen,
dass Friede und Freundlichkeit stärker sind als Krieg
und Hass.

Wir bitten dich, hilf unseren Augen, zu sehen,
was dem Anderen fehlt,
hilf unseren Ohren zu hören, wenn jemand weint.
Hilf unseren Gedanken, damit sie verstehen und
unser gutes Recht nicht zur bösen Ungerechtigkeit für
andere wird.

Gott hilf unseren Köpfen und Händen Frieden und
Freundschaft zu schließen,
weil wir durch Jesus erkannt haben, Gott liebt den anderen
genauso wie mich.

LESUNG

Mt 18,21–35 „Der Schalsknecht„ (Verteilte Rollen)

LIED nach EG 243 „Lobt Gott getrost mit singen“ bzw. EG 395
„Vertraut, den neuen Wegen“

Lasst dich nicht überwinden,
von Ärger und von Streit.
Ein freundlich Wort zu finden,
sei jederzeit bereit.
Du willst doch selber haben
von andern Freundlichkeit.
Sind finster deine Blicke,
ist die Versöhnung weit.

Sag nicht; schuld sind die andern,
denn das ist allzu leicht.
Gedanken, die nicht wandern,
die haben nichts erreicht.
Schick sie zur andern Seite
und lerne zu versteh’n
Führ’ deinen Geist ins Weite,
so wirst du Neues seh’n.

Verstehen, das braucht Ohren,
die auch den andern hör'n
und Augen für den Fremden,
sich nicht an ihm zu stör'n.
Gott sagt, lieb auch den anderen
Er ist genau wie du.
So wird dein Herze wandern,
g'rade auf Gott hinzu.

LESUNG

Lk 10,25–37 Vom barmherzigen Samariter
(Verteilte Rollen)

KINDERKREDO

LIED Wo ein Mensch Vertrauen gibt (EG 604)

PREDIGT

über: Hund im Spiegel
(nach einem Lied von Gerhard Schöne)

Ein neugieriger Hund läuft durch die Straßen.
Er schnüffelt hier. Er schnüffelt da.
Plötzlich steigen ihm leckere Düfte in die Nase.
Bockwurst, Zuckerwatte und es riecht sogar nach gebratenem Fleisch.
Der Hund läuft seiner Nase hinterher.
Die führt ihn mitten auf den Rummel.
Der Hund hat Glück.
Er findet eine angebissen etwas schmutzige Bockwurst im Sand,
außerdem eine halbe Waffel, 7 Hähnchenknochen
und eine große Pfütze mit Regenwasser.
Der Hund ist zufrieden.
Da sieht er, dass die Herrchen und Frauchen hier nicht nur essen.
Sie kreisen in fliegenden Schaukeln.
Sie kurven in kleinen Autos.
Sie drehen sich in einem riesigen Rad fast bis in den Himmel.
Das alles ist nichts für einen neugierigen Hund.
Interessanter sind da schon die großen Häuser aus Pappe
mit den bunten Schriften darauf.

Über einem steht: „Spiegelkabinett“.
Der kleine, dicke Mann am Eingang erzählt mit einem langen dünnen Mann.
Er sieht nicht, wie der neugierige Hund durch den Eingang verschwindet.
Schwups diwubs ist der Hund im Kabinett der Spiegel.
Überall stehen hier große und kleine, schmale und lange und helle Spiegel.
So viele Spiegel stehen hier.
Vorsichtig sieht der neugierige Hund in einen hinein.
Und was sieht er.
Er sieht einen Hund –
ein Hund: so groß wie er,
ein Hund: so schwarz wie er,
ein Hund: so stark wie er!
Und in dem Spiegel gegenüber dem Spiegel:
– ein Hund, so groß wie er, ein Hund, so schwarz wie er,
– ein Hund, so stark wie er.
Und im Spiegel im Spiegel unendlich viele Hunde,
Hunde, so groß wie er,
Hunde so schwarz, wie er, Hunde so stark, wie er.
Der Hund bekommt Angst.
Der Hund knurrt.
Der Hund sträubt sein Fell.
Der Hund droht.
Der Hund fletscht seine Zähne.
Und oh Schreck.
Alle anderen Hunde sträuben das Fell, drohen und fletschen die Zähne.
Der Hund läuft wütend auf die anderen Hunde zu.
All die anderen Hunde laufen wütend auf ihn zu …

Kind oder andere Person ruft: Stopp! Falsch!
Der Schluss der Geschichte ist ganz falsch erzählt!

Nachdem der Hund am dicken Mann am Eingang vorbei geschlüpft ist, geht die Geschichte so:
Schwups diwups ist der Hund im Kabinett der Spiegel.
Überall stehen hier große und kleine, schmale und lange, blanke und helle Spiegel.
So viele Spiegel stehen hier.
Vorsichtig sieht der neugierige Hund hinein.
Und was sieht er?

Er sieht einen Hund. Ein Hund: so groß wie er,
ein Hund: so schwarz wie er –
ein Hund: so stark wie er.
Und in dem Spiegel gegenüber dem Spiegel: ein Hund,
– so groß wie er, ein Hund,
– so schwarz wie er,
– ein Hund, so stark wie er.
Und im Spiegel im Spiegel unendlich viele Hunde,
Hunde, so groß wie er,
Hunde so schwarz, wie er, Hunde so stark, wie er.
Der Hund freut sich.
Der Hund wedelt mit dem Schwanz.
Der Hund fordert zum Spielen auf.
Der Hund dreht sich vor Freude im Kreis.
Und oh', Wunder!
Alle anderen Hunde wedeln mit dem Schwanz, fordern zum Spielen auf, drehen sich vor Freude im Kreis.
Der Hund ist glücklich, so viele fröhliche Hunde zu treffen.
Und all die anderen Hunde sind es auch.

LIED

Da berühren sich Himmel und Erde (Text: Thomas Laubach und Melodie: Christoph Lehmann)

FÜRBITTEN

1. Gott; du willst,
dass Geschwister sich verstehen,
dass keine den anderen finster ansieht.

Wir bitten dich, mach' uns klug,
wo wir uns streiten.
Lass' nicht alles viel schlimmer werden,
weil keiner nachgeben will.
Hilf uns nicht immer nur an uns,
sondern auch an den Anderen zu denken.

2. Gott; du willst,
dass junge und alte Menschen sich verstehen
und keiner seufzt:
Oh, diese Jugend! Oder: Oh, diese Alten!

Wir bitten dich, lass uns bedenken,
dass wir selbst einmal jung waren oder,
dass wir eines Tages auch einmal alt sind.

Hilf uns einander näher zu kommen,
indem wir unsere Zukunft oder unsere Vergangenheit im Leben der Anderen erkennen.

1. Gott; du willst,
   dass Menschen, die sich fremd sind,
   nicht voreinander fürchten
   und aus Angst vielleicht einander bekriegen.

Wir bitten dich, lass uns bedenken,
dass wir viel lieber neugierig, als feindlich sein sollen.
Hilf uns mit fremden Menschen die Welt noch größer und schöner sehen, als wenn wir dies nur von unserem einsamen Standpunkt aus tun.

1. Gott; du willst,
   dass die Menschen deine Schöpfung
   mit Pflanzen und Tieren achten und bewahren.

Wir bitten dich, hilf uns zu erkennen,
dass Tiere und Pflanzen nicht nur für uns gemacht sind.
Tiere und Pflanzen dürfen nicht sterben, weil wir nur an uns denken und ihr Leben nicht achten.

Zeige uns, wie wir verzichten können,
ohne gleich zu meinen,
wir würden so schlechter leben.

1. Gott; du hast uns gesagt:
   Du sollst Nächsten lieben. Er ist, wie du.

Wir bitten dich, lass uns einander verstehen,
indem wir uns öfter einmal in die Lage des Anderen versetzen.
Hilf uns nicht nur mit uns, sondern auch mit anderen gerecht umzugehen.
Mach, dass die andere Sicht der Dinge, des Lebens und der Welt zu einer größeren Einsicht führt.
Mit dem Vertrauen einen Kindes beten wir: Vater unser im Himmel …

Segen

Der Segen des Gottes von Sara und Abraham,
der Segen des Sohnes, von Maria geboren,
der Segen des Heiligen Geistes,
der über Euch wacht, wie eine Mutter über ihre Kinder-
komme auf Euch alle.

Musik